나의 특별한 소방관 ♡♡

희망 가계부 프로젝트

나의 특별한 소방관

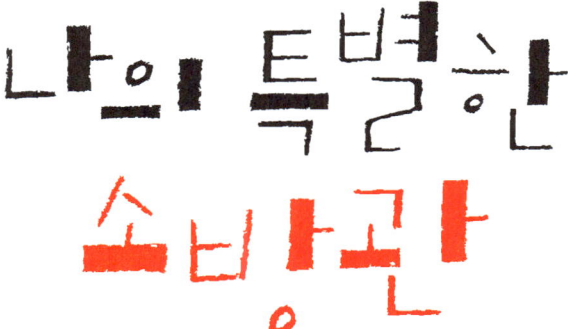

제윤경 지음

이콘

지은이의 말

이제는 나쁜 마법에서 깨어나야 할 때가 아닐까요

　우리의 생각과 의사결정에서도 관성의 법칙이 적용되나 봅니다. 눈에 보이는 것들을 잘 조합해서 미래 지향적인 생각을 해야 하는데요. 자꾸 과거의 기억이 오늘의 의사결정을 끌어당기는 것 같습니다.

　연일 들려오는 절망적인 경제 지표 속에서도 집값이 오를 것이란 믿음이 여전합니다. 부동산은 절대 깨지지 않는다는 불패신화가 경제 위기 속에서도 무너지지 않고 있습니다.

　바로 옆 나라 중국에서조차 주택가격이 지난해에 비해 절반이나 폭락했다고 하고 일본에서도 그런 끔찍한 경험으로 10년의 장기 불황을 거쳤는데요. 우리는 상상도 못하는 것 같습니다. 아니 그런 위험을 겪을 수 있는 충분한 징후가 보이는데도 현실을 똑바로 보지 않고 외면하고 있는지도 모릅니다.

지난 대선 때, 지금의 대통령이 자신이 집권하면 집권 첫 해에 주가지수가 3,000까지 오를 것이란 말을 하는 것을 듣고 제 귀를 의심했습니다. 출마한 모든 후보가 8%, 6% 고성장을 자신 있게 공약에 내거는 것을 듣고는 절망감이 들기도 했습니다.

위험의 징조는 어느 날 갑자기 생겨난 것들이 아닌데 단순히 선거용으로 꼬드기는 것인지 자신감이 지나쳐 무지한 것인지 정말 혼란스러웠습니다. 그런데 너무 많은 사람들이 위험 징후들을 무시하고 그 무지와 꼬임에 속아주더군요. 무슨 마법에 걸린 사람들처럼 미래를 지나치게 낙관하기만 하는 것입니다.

유가가 올라 세계경제를 위협하는 것은 새로운 이야기가 아닙니다. 대체 에너지를 개발하느라 밀가루 등의 곡물 수요가 급증해 곡물가격도 따라 오른다는 애그플레이션이란 신조어가 유행한 것이 어제 오늘 이야기가 아니죠. 원자재 가격 폭등도 갑작스런 것이 아닌데, 우리는 그런 글로벌 악재들 속에서 무엇을 믿고 그러한 낙관론을 의심 없이 받아들인 걸까요?

전 세계 부동산 시장이 하락세로 돌아섰는데 대통령이 바뀌고 정권이 바뀌어 집값이 더 뛸 것이라며 뒤늦게 무리한 대출을 끼고 집을 사는 사람들, 진심으로 말리고 싶었습니다. 빚내서 투자하는 것이 저금리 시대의 재테크라는 책을 쏟아내는 출판사들에게 '제발 그런 말도 안 되는 선동 좀 그만 하라'고 말해주고 싶었습니다.

미국이 서브프라임의 소용돌이에 더 큰 위기를 맞고 있을 때에도, 모두들 주가가 더 오를 것이라는 예측을 쏟아냈습니다. 그런데 자세히 들여다보면 이성적으로 판단해서 낙관하는 것이 아니었습니다. 이성적인 판단이 아니라 그렇게 믿고 싶어 하는 것처럼 보였습니다. 경제적 현상이란 늘 복잡해서, 경우에 따라 양면성이 있으니까요. 기회와 위험은 늘 따라다니는 것이니까요. 그래서 기회는 잡고 위험은 통제해야 하는데 우리는 어떻습니까? 기회는 맹신하고 위험은 지나쳐버리고 있지 않습니까?

유가가 오르는 것도 세계경제가 성장하고 있는 방증이라며 위험 징후의 반대쪽에 사고를 집중시키는 사람들이 많습니다. 우리는 이제 미국경제에 대한 의존에서 많이 벗어났으니까 미국이 어려워도 중국이 잘 나가고 있어서 괜찮다며 성장을 낙관하기도 합니다. 일명 '미국경제와의 디커플링'이라는 개념인데요, 미국경제 변화 흐름에 무조건 쫓아가는 것이 아니란 이야기였습니다. 그러면서도 미국금리가 떨어져 우리나라 금리와 차이가 나니까 조만간 우리도 금리를 떨어뜨릴 것이란 진단을 내리는 분들도 있더군요. 그래서 다시 한번 자금의 이동이 부동산으로 몰릴 것이며, 투자가치가 있는 부동산을 저가 매입할 기회라는 겁니다. 그런 이야기는 도대체 어디서 흘러나온 것인지 황당하기만 합니다. 정보를 객관화하여 미래를 냉정하게 예측하는 것이 아니라, 원하는 모습으로 맹목적으로 믿고 그 믿음을 합리화하기 위해 정보를 짜맞추고 있는 게 아닌가 하는 생각이 듭니다.

그렇다면 왜 그렇게 우리는 맹목적으로 미래를 낙관하고만 있는 걸까요?

아마도 이미 일을 벌여놓았기 때문일 것입니다. 오를 것이란 판단으로 부동산에 주식에 펀드에 너무 많은 돈을 묶어놓았고 심지어 투자를 위해 빚까지 지고 있기 때문에 경제 위기를 가정해보고 싶지 않은 것입니다. 만약의 경우를 대비하자는 것은 잔칫상에 찬물 끼얹는 괘씸한 비관론일 뿐이라고 여기는 거죠. 불안을 조장해 헷갈리게 만드는 네거티브한 이야기를 하는 사람은 공격당하기 일쑤입니다.

그런데 그보다 더 중요한 이유가 있습니다. 위험신호를 무시하고 잘될 것이란 이야기만 골라 듣는 가장 큰 이유는 바로 우리의 '욕심' 때문입니다. 더 잘살고 싶은 욕심, 더 많이 소비하고 싶은 욕심, 더 빨리 돈 걱정으로부터 벗어나고픈 욕심, 내 아이에게 더 많은 지원을 해줄 수 있는 부모가 되고픈 욕심. 이런 욕심은 사실 그리 욕할 것이 못됩니다. 모든 사람이 가지고 있는 당연한 본능에 가깝다고 봐야겠죠. 다만 막연한 욕심이다 보니 이리 저리 분위기와 시류에 휩쓸려 그 욕심을 이루기보다 화를 당할 위험이 더 크다는 데 문제가 있습니다.

　애초 돈을 신봉하려던 것이 아닌데 자꾸 몰아붙이는 어떤 힘에 의해 돈돈 거리게 되고 돈 때문에 스트레스를 받고 심지어 물신주의로 흘러버립니다. 그러니 국가의 대표를 뽑는 선거에서조차 내 집값이 오르는데 영향 미칠 사람을 치명적인 도덕적 흠결 따위는 무시하고 표를 몰아주기에 이른 것이겠죠.

　그런데 우리의 욕심을 극단적인 물신주의로 끌고 가는데 큰 공을 세운 것이 바로 '부러움' 이었습니다. 부동산으로 '억' 벌었다는 이야기, 판교 로또 이야기, 순식간에 몇백, 몇십 %의 수익을 올렸다는 이야기, 내 돈이 아닌 빚으로 투자에 성공한 레버리지 투자 전략 등이 우리의 욕망을 자극하며 조급하게 만들고 자꾸 허상을 부러워하게 만들었습니다. 재테크 책들도 엄청나게 선동했습니다. 가만히 있지 말고 돈 많은 부자를 꿈꾸며 그들을 쫓아다니라고 선동하는 책들이 베스트셀러 목록을 채웠습니다. 결국 우리는 멀쩡한 이성을 버리고 인생역전이라는 코미디 같은 환상에 너도나도 매달리기 시작한 것입니다.

　『꽃들에게 희망을』이란 책이 있습니다. 그 책에는 애벌레 기둥이 나옵니다. 애벌레들이 무언가에 끌려 자꾸 오르면서 만든 기둥. 어쩌면 우리는 그 애벌레와 같지 않을까요? 꼭대기에 무엇이 있는

지도 모르면서 오르지 않으면 안 될 것 같은 공포심으로 다른 이를 짓밟고 오르는 것이죠. 그 거대한 애벌레 기둥은 서로를 밟고 오르다 뒤처지고 떨어지는 애벌레들로 아비규환입니다. 겨우 전쟁 같은 시간을 지나 어렵게 오른 꼭대기에는 텅 빈 하늘뿐이죠.

동화에서 주인공 애벌레는 그렇게 이유 없는 대열을 쫓기보다 자신을 둘러싸고 있는 껍데기를 벗는 고통을 자처합니다. 그 고통의 대가는 아무에게도 상처주지 않고 나비가 되어 하늘을 자유롭게 비상하는 것으로 돌아오죠. 그런 후에 꽃을 번식시켜 세상을 아름답게 만든다는 그 동화가 유독 많이 떠오르는 시점입니다.

우리가 행복해지기 위해서 젊은 나이에 100억대 부자가 되어야만 하는 건 아닐 것입니다. 숫자가 주는 달콤함에 끌려 이유 없이 상처받고 상처주고 있는 것은 아닌지, 되돌아봐야 할 때가 아닌가 싶습니다. 100억이 없다고 삶이 불행해지지는 않는다는 걸 우리는 이미 알고 있습니다. 행복해진다는 것은 애벌레가 자기와의 싸움 끝에 고통을 통해 얻은 가벼운 날개로 자유롭게 나는 것과 같지 않을까요?

1,000원짜리 한 장에도 정성과 희망, 꿈을 담으려 노력해보세요. 현재의 그 불편함이 만들어낸 알찬 미래만이 진정 우리를 행복하게 만들어줄 날개일 것입니다.

지금의 경제 위기는 중산층 서민 가계경제를 죽음 같은 고통으로 내몰 위험이 있습니다. 외환위기가 다시 오는 것이 아닌가 할 정도로 한치 앞도 내다보기 힘든 상황입니다. 이러한 현실을 더이상 외면해선 안 됩니다.

이제 나쁜 마법에서 깨어나야 할 때입니다. 이 책에 등장하는 특별한 소방관은, 어딘가로 맹목적으로 끌려가는 우리에게 숨어있는 날개를 찾으라고 일러주는 안내자입니다. 꿈과 행복을 위해 돈이 존재한다는 것을 알고 있다면 우리는 좀더 소박해질 필요가 있습니다. 특별한 소방관의 이야기처럼 처음으로 되돌아가 문제를 풀고, 그저 행복하게 잘살고 싶었던 처음의 마음을 끄집어내야 합니다. 그리고 어느 날 갑자기 수억대의 부자가 되는 엉터리 부자 꿈이 아닌, 매일 매일 조금은 더디지만 확실한 부자가 되는 꿈을 꾸어야 하지 않을까요.

어려운 시대, 위기 속에서 확실한 희망을 만들어가는 특별한 소방관의 모습이 독자 여러분 모두의 이야기가 되었으면 합니다.

2008년 7월

제윤경

차례

지은이의 말 • 5

낯선 손님 • 15

부부 싸움 • 23

불씨 • 33

쩐모양처 스트레스 • 45

부자 아빠 스트레스 • 63

마법의 거울, 김정수 이야기 • 85

숙제 • 99

오빠의 일기 가계부 • 115

우리집 경제 성적 냉정하게 대차대조하기 • 137

군살을 빼고 가벼워져라 • 163

잡동사니 소비의 함정 • 175

튤립과 여배우 사진 • 195

미래 계획, 인생을 둘로 나눠 설계하자 • 213

매일 조금씩 부자 되기 • 227

낯선 손님

불이 나면 모든 것을 빼앗아 가잖아요. 처음 만날 때의 설렘도, 약속도 없어지고 함께 꾸었던 꿈들, 그 꿈을 이루려고 노력했던 모든 것이 허망하게 사라지고 말죠.

토요일 오후, 무거운 적막을 깨며 초인종이 울린다. 인터폰 수화기를 들고 화면을 보니 처음 보는 사람이 서 있다.

"누구세요?"

"안녕하세요? 저는 소방관입니다. 이 댁에 있는 불씨를 제거하기 위해 왔습니다."

그의 엉뚱한 답변에 황당해하면서도 나의 눈은 나도 모르게 집안을 살피고 있었다.

"불은 무슨 불이에요? 어느 소방서에서 나온 거죠?"

그러고 보니 그는 전혀 소방관의 모습이 아니었다. 잘 다려

입은 셔츠에, 적당히 세련된 넥타이를 매고 한 손에 서류가방을 들고 있는 단정한 그의 모습은 그저 꽤 잘 나가는 세일즈맨 그 이상도 이하도 아니었다.

불씨를 제거하러 왔다는 그의 다급한 목소리에 놀라움 반 두려움 반으로 내 심장 박동이 급격히 빨라지긴 했지만 사실 그의 모습을 보고서는 헷갈릴 수밖에 없었다. 인터폰에 흐릿하게 비치는 그의 눈빛이 상당히 진실해 보였기 때문이다.

말쑥한 세일즈맨 모습의 소방관이라……. 잠시 고민하다가 흔히 사기꾼의 겉모습이 그럴 듯하다는 생각이 들어 수화기를 내려놓으려 할 때 그의 목소리가 다시 들려왔다.

"선택은 당신이 하는 것입니다."

잔잔한 미소를 머금고 던지는 한마디. 그의 눈빛은 인터폰을 넘어 내 머릿속을 훤히 들여다보는 것만 같았다.

잠시 후 나도 모르게 현관문을 열었다.

그는 자신감 넘치는 표정과 정중한 몸짓으로 현관 앞에 서 있었다. 세일즈맨이라면 열린 문을 무작정 밀고 들어와 무언가 팔기 위해 조급해할 법한데 그는 그러지 않았다. 오히려 손님을 접대하라는 듯이 당당한 그의 모습에 내가 조금 움츠러들었다고 해야 맞을 것이다.

"불씨라니요? 무슨 말씀을 하시는 건지, 저희 집에는 지금 불씨 같은 건 없는데요. 다른 집에서 무슨 신고라도 한 건가요?"

갑자기 그가 재미있다는 듯 웃는다.

"하하하. 놀라셨나 봐요. 제가 좀 장난기가 많습니다. 제가 말씀드린 불씨는 생각하시는 그런 불씨가 아닙니다. 하지만 불씨가 있기는 있을 겁니다. 김정수 씨 아시죠?"

김정수. 우리 오빠다. 갑자기 오빠 이름을 들으니 가슴이 먹먹해지며 마음이 짠해진다. 나보다 여덟 살이나 많은 오빠는 어릴 적부터 아빠 없이 자란 나에게 아빠의 빈자리를 채워준 사람이다. 오빠는 늘 자기 자신보다 내 걱정을 먼저 하곤 했다. 그런데 그런 오빠와 작년 이맘때쯤 별것 아닌 일로 크게 다툰 후로 나는 친정에 발길을 끊었다. 마음 같아선 아무 일 없었다는 듯이 엄마와 오빠에게 달려가고 싶지만, 무슨 나쁜 마법에라도 걸린 걸까. 오빠에게서 전화가 와도 어느새 수신 거부 버튼을 누르고 있는 나를 발견하게 된다. 어제도 전화가 왔었다. 하지만 나는 이내 전화기를 내던져버리고 주저앉아 울고 말았다. 오빠가 너무 그립지만 아직은 오빠의 전화를 받을 용기가 없다는 것이 솔직한 내 심정이다.

"김정수 씨라면 제 오빠인데……. 오빠를 아시나 봐요?"
혹시 오빠에게 무슨 일이라도 생긴 건 아닌가 하는 마음에 덜컥 겁이 났다.
"네. 오늘 제가 여기 온 건 김정수 씨가 김미연 씨 댁에 나 있는 불을 좀 꺼달라고 부탁을 해서입니다. 어찌나 사정을 하시던지……. 괜찮으시다면 잠시 들어가도 되겠습니까?"

오빠의 이름까지 이야기하며 안으로 들어오겠다는 낯선 남자를 들여도 좋을지 망설여졌다. 워낙 흉흉한 세상인지라 아이에게 그 어떤 것도 쉽게 믿어서는 안 된다고 가르치는 판이니 나도 판단이 쉽지 않았다. 그렇게 우물쭈물하고 있는 바로 그때 예진이가 학교에서 돌아와 현관 앞에 서 있는 그를 의아하다는 눈으로 올려다보았다.

결국 나는 아이와 그를 번갈아 바라보다 '방에 남편도 있는데 괜찮겠지' 하는 생각에 무게를 실어 아이와 함께 그를 들어오도록 했다.

수수하지만 깔끔하게 잘 닦인 구두를 가지런히 벗어 놓은 그는 예진이의 머리를 쓰다듬으며 거실 한가운데로 들어와 앉았다. 그리고는 자신의 아이를 바라보듯 따뜻한 웃음을 지으며 아이에게 말을 건다.

"초등학생인가 보구나. 오늘이 수업이 있는 토요일이지? 점심도 못 먹었을 텐데 배 많이 고프겠다. 이름이 뭐니?"

예진이는 낯을 가리는 편이다. 다소 수줍은 목소리로 이름을 댄다.

"이예진이요."

예진이에게 건네는 그의 말을 들으니 조금 더 신뢰가 간 것은 사실이지만, 여전히 불안한 마음이 가시지 않아 남편을 깨워야겠다는 생각이 들었다.

남편은 토요일이면 으레 늦잠을 잔다. 게다가 어제는 돈 문제로 밤늦도록 다툰 터라 오늘은 점심시간이 한참 지난 지금까지도 아무런 인기척이 없다.

"예진아, 안방에 가서 아빠께 손님 오셨으니 잠깐 나오시라고 할래?"

마침 그때 안방 문이 열리고 잠이 덜 깬 부스스한 모습으로 남편이 나왔다. 술까지 마시고 자서 얼굴이 엉망인 모습을 보니 마음이 편치 않다.

남편은 평소 냉정하게 보이지만 사실 속내는 부드러운 사람이다. 특히 아이에게는 언제나 다정해서 예진이는 아빠를 무척이나 좋아한다.

아이는 아빠를 보자 얼굴이 환해지며 곧장 다가가 버릇없는 농담까지 던진다.

"아빠 또 술잠 잤구나. 으이그, 여태 밥도 안 먹었지?"

남편은 손으로 헝클어진 머리를 쓸어 넘겨 정돈하면서 배시시 웃는다.

"우리 예진 공주 학교 갔다 왔구나. 그래, 아빠는 엄마한테 어제 밤늦게까지 혼나느라 밥도 못 얻어먹고 잠만 잤어. 우리 공주도 배고프지? 아빠가 비빔밥 해줄까?"

남편은 예진이를 번쩍 들어 올려 안고서 주방으로 향하다가 뒤늦게 거실에 앉아 있는 그를 발견하고는 멈칫한다. 낯선 남자가 거실에 앉아 있는 모습에 다소 놀란 기색이다. 어젯밤 싸움의 여파로 서먹함이 가시지 않은 채 내게 조심스레 말을 건넨다.

"손님 오셨어? 누가 오는지도 모르고 잤네. 그런데 누구?"

"잠시 손님하고 인사나 나누세요. 저는 예진이 밥 차려 주고 올 테니까."

누군지도 모르고 누구의 손님인지도 모르는 그를, 미루듯 남편에게 맡겨두고 나는 주방으로 들어갔다.

남편은 어리둥절한 표정으로 머리를 긁적이며 그 앞에 앉는다.

"이거 씻지도 않았는데 손님을 맞네요. 너무 갑작스러워서……. 그런데 누구시죠?"

그는 남편을 향해 웃음이 담긴 목소리로 내게 한 것보다 더 황당하게 자신을 소개했다.

"저는 소방관입니다. 이 집에 있는 불씨를 제거하러 왔습니다. 불이 나면 모든 것을 빼앗아 가잖아요. 처음 만날 때의 설렘도 약속도 없어지고, 함께 꾸었던 꿈과 그 꿈을 이루려고 노력했던 모든 것이 허망하게 사라지고 말죠."

그의 소개에 남편이 얼마나 황당해졌을지 뒷모습만 보고도 느낄 수 있었다. 그리고 갑자기 앞으로의 상황이 재미있어질 것 같다는 기대심에 슬며시 웃음이 새나왔다.

부부 싸움

단돈 2,000만원으로 아파트 몇 채에 투자를 했다고? 흥, 말도 안 돼. 그게 어디 투자겠어? 투기였겠지. 지금 설마 나더러 복부인 되라는 건 아니지?

우리는 올해로 13년차 부부이다. 함께 살면서 누구나 한번쯤은 이혼을 떠올려본다지만, 최근 우리 부부가 겪고 있는 위기는 그리 간단하지가 않다. 마음을 고쳐먹는다고 해결될 일이 아니라는 생각마저 드는 상황이랄까.

신혼 시절 처음 몇 년 동안 우리는 다른 부부에 비해 금슬 좋은 잉꼬 부부였다. 5년간이나 연애를 했으니 서로에 대해 알 만큼 알았고, 남들이 하는 신혼 시절의 기 싸움은 이미 연애시절에 끝냈다고 해도 과언이 아니었다.

서로 근본적으로 잘 맞는 부분도 많았다. 아버지 없이 자라온 나는 남들보다 생활력이 강해 경제관념에 유난히 민감했고, 자영업을 하는 가정에서 자란 남편도 이치에 밝은 편이었다. 심지어 대학 다니면서 용돈으로 주식투자까지 해 전체적으로 꽤 짭짤하게 수익을 올린 편이었으니 일찌감치 재테크에 눈을 떴다고 해도 틀린 말은 아닐 것이다.

결혼을 하면서 나는 혼수를 하지 않겠노라고 선언했다. 그 돈이면 조금이라도 보태 집을 사야 한다는 생각이었다. 고맙게도 남편이 흔쾌히 동의를 했고, 각자 부모님을 설득해 남들과 다른 합리적인 결혼식을 치르고 허례허식 없이 우리집을 갖고 결혼 생활을 시작했다. 그리고 그렇게 장만한 집에서 부푼 꿈을 꾸며 행복한 시간을 보내왔다.

그런데 어젯밤 바로 그 '집' 때문에 우리 부부는 이혼까지 들먹이는 큰 싸움을 할 수밖에 없었다.

"여보, 이제 정말 어떻게 좀 하자. 이건 뭐 이것저것 빼고 나면 남는 것도 없잖아. 아무리 생각해봐도 우린 어느 순간부터 과욕을 부렸어. 그리고 지금은 정도에서 한참이나 이탈한 것만 같다고."

남편은 어디서 무슨 소리를 듣고 왔는지 벌써 몇 달째 집을 팔자는 타령이다. 나는 남편 입에서 나온 '과욕' '정도'라는 소리에 소름이 끼치도록 화가 났다. 일 년 전 오빠와 다툰 것도 바로 그 단어에서 비롯되었기 때문이다. 물론 나도 당장의 우리집 부채가 부담스러운 것은 사실이지만 따져보면 사실 시작은 내가 한 것이 아니다.

결혼과 동시에 샀던 집이 거의 두 배 가까이 올랐을 때 남편이 먼저 제안을 했다.

"여보, 나랑 같이 일하는 김대리 알지? 그 친구가 말야, 마누라 하나는 아주 제대로 얻었더라고."

"이거 듣는 마누라 샘나게 왜 남의 마누라 칭찬이야? 우리 결혼할 때 서로 약속한 거 잊지 않았지? 어떤 일이 있어도 옆집 남편, 옆집 마누라랑 비교하지 않기. 지금 설마 그거 하려고 그러는 거 아니지? 응?"

"아니 일단 내 얘기 좀 들어봐. 나도 당신이 결혼할 때 과감하게 혼수 안 하고 집부터 사자고 해서 그 덕 보고 사는 거 두고두고 감사하고 있지. 내가 이 집 두 배로 올랐을 때 맥주 사들고 와서 당신에게 무릎까지 꿇으며 고맙다고 인사했었잖아."

"근데 갑자기 왜 김대리 와이프 이야기를 꺼내는 건데?"

"그게 말이야. 당신도 대단하지만 음…… 당신보다 한 수 위인 사람이 있더라고. 아니 그렇다고 뭐 당신이 못하다는 건 절대로 아니고. 그니까 뭐랄까, 난 그저 우리가 우리보다 더 잘나가는 사람한테 한 수 배우는 게 그리 나쁘지는 않을 것 같아서 말이지."

남편은 말까지 더듬으며 직장 동료 와이프 이야기를 시작했다. 그 부인은 한마디로 재테크의 귀재라고 했다. 무슨 수를 썼는지 결혼 전부터 돈 2,000만원을 들고 아파트 청약을 몇 건 해서 큰돈을 벌었다고 한다. 그리고 그 덕에 김대리네는 결혼 3년 만에 40평형대 아파트에 살고 있고 최근에는 펀드 투자도 억대로 굴리고 있다는 것이다. 남편의 눈에 그런 김대리가 꽤나 부러웠던 모양이다. 김대리는 자신의 월급을 고스란히 술을 마시거나 골프를 치는 등의 취미생활에 용돈처럼 쓰고, 생활비는 부인의 재테크를 통해 벌어들이는 돈으로 해결한다는 것이다.

남편의 설명에 나는 갑자기 약이 오르기도 했지만 솔직히 기가 죽고 슬며시 부러운 마음이 드는 것도 사실이었다.

"단돈 2,000만원으로 아파트 몇 채에 투자를 했다고? 홍, 말도 안 돼. 그게 어디 투자겠어? 투기였겠지. 지금 설마 나더러 복부인 되라는 건 아니지?"

"아니야. 내가 얼핏 들어서 자세히는 잘 모르겠지만 그게 투기가 아니고 합법적인 전매제도를 잘 이용해서 돈을 벌었다나 봐. 물론 그 과정에서 주위 친인척의 명의를 좀 빌려서 청약과정에 활용은 했다지만, 솔직히 자신이 발품 팔아 여기저기 돈 되는

데 청약하고 돈 벌어서 친인척들에게 명의 값도 제대로 치렀다는데, 편법이기는 하지만 사실 그 정도 편법이면 뭐 범죄도 아니고 남한테 민폐 끼치는 것도 아닌데, 해볼 만한 거 아닌가? 복부인이 아니라 상당히 부지런하고 똑똑한 거지. 그 돈 되는 청약 물건들은 언제 다 보고 다녔는지……."

남편은 연신 그 아내의 재테크 기술을 칭찬하느라 정신이 없다. 솔직히 화가 나기도 했지만 딱히 흠잡을 데가 있는 것도 아니었다. 나도 나름대로 돈에 대해서는 꽤 밝은 편이라고 자부하고 살아왔지만 전매, 돈 되는 청약 물건, 명의차용 등의 이야기 앞에서는 스스로가 무지하게 여겨진 것이 사실이었다. 나는 대학 시절부터 쉼 없이 아르바이트를 해 꼬박꼬박 모은 돈에, 장학금 탄 것까지 저축하고, 졸업과 동시에 시작한 사회생활에서 짠순이 소리를 들어가며 어렵게 모은 돈을 합쳐 지금 살고 있는 이 집을 샀다. 그런데 겨우 2,000만원으로 단기간 내에 아파트 몇 채를 청약하고 프리미엄을 받아 팔면서 돈을 불려 왔다는 이야기를 들으니, 갑자기 허탈해짐과 동시에 가슴 속 저 밑에서부터 부글부글 약이 오르는 것을 어찌할 수가 없었다. 나에 대한 자부심이 한순간에 무너지는 기분이었다.

이런 심정이 복잡하게 머릿속을 메우고 있을 때 남편이 나의 표정을 읽었는지 하던 이야기를 멈추고 내 눈치를 살핀다.

"아니 뭐, 그렇다고 당신이 꼭 그렇게 하라는 건 아닌데. 기분 나빴어?"

눈치 하나는 일등감이다. 하지만 그날따라 남편의 빠른 눈치가 내 자존심을 더 심하게 건드렸다. 알 수 없이 허탈하고 약 오르는 기분을 들키고 싶지 않았기 때문이었다.

"아니, 왜 기분이 나빠? 그냥 오늘 낮에 예진이 데리고 공원 가서 하도 뛰었더니 피곤해서. 아까 뭐라고 했지? 김대리 와이프가 재테크를 그렇게 잘 했다고? 와, 김대리는 팔자 폈네. 근데 그 이야기는 다음에 들으면 안 될까? 나 지금 무지 피곤하거든."

그렇게 그날의 유쾌하지 않은 대화를 피하고서 나는 다음날부터 투자 관련 책을 사다보기 시작했다.

그렇게 시작해서 현재 아파트 두 채와 오피스텔 한 채를 보유하게 된 것이다. 물론 이왕 하는 것 똑 소리 나게 해야 한다는 생각으로, 세금이 강화될 것까지 고려해 한 채는 오빠 이름으로 오피스텔은 친정 엄마 이름으로 명의를 모두 분산했다. 명의를 분산할 때 자칫 시댁 식구가 끼게 되면 나중에 일이 복잡해진다는 이야기를 자주 들어 친정 식구들에게만 의존을 한 것이다. 이 점에 남편은 은근히 불만이 있었지만 어찌되었건 산 집들이 얼마 지나지 않아 가격이 크게 오른 덕에 남편의 불만은 눈 녹듯

사그라졌다.

하지만 내 생각처럼 불만이 완전히 제거된 것은 아니었나보다. 지금 우리 부부의 위기 상황에 그 불만들도 한몫 제대로 차지하고 있는 것을 보면 말이다.

어제의 싸움 중에도 그 치사스런 불만들이 터져 나왔다. 적어도 내겐 남편의 그 불만이 철저히 비겁해 보였다.

"솔직히 내가 이런 말까지는 안 하려고 했는데, 집 명의도 나는 완전히 제외된 거잖아. 모두 친정 오빠하고 친정 엄마. 이건 좀 너무하는 거 아니야? 왜 내가 당신 친정 집 유지하느라 뼈 빠지게 번 돈을 이자로 꼬박꼬박 지출해야 하는 건데?"

싸움을 하다 감정이 격해지면 막장까지 가는 경우도 있다. 그래서 부부 싸움 중에 동반 자살을 시도하거나 상대를 죽이기까지 하는 끔찍한 사건이 언론을 심심찮게 장식하지 않는가? 그러나 나는 적어도 내게는 그런 극단적이고 비극적인 사태가 벌어지리라는 것은 꿈에도 생각하지 못했다. 그런데 한때는 부자가 된 것 같다고 들떠 좋아하던 바로 그 일로 이렇게 막장까지 가는구나 생각하니 서러움이 복받쳤다.

"당신 정말 말 다했어? 그 말이 지금 얼마나 비겁하고 치사한 이야긴 줄 모르고 하는 거야? 당신 원래 그렇게 비겁한 사람이었어?"

나는 지지 않았다. 상대의 멱살을 잡고 시궁창에 함께 빠지기로 작정한 사람처럼 달려들었다. 분한 마음에 눈물까지 흘리며 몸을 떨면서도 말을 멈추지 않았다.

"뼈 빠지게 번 돈? 그래서? 그래서, 그게 얼만데? 좀 더 넉넉하게 벌어보지 그랬어. 그럼 내가 그렇게 속물같이 투자하러 다니느라 설쳐댔겠어? 왜? 김대리 와이프인지 뭔지 이야기하면서 재테크로 돈 벌어 보라고 날 내몰 때는 언제고? 그 와이프처럼 대단한 실력 발휘해서 월급으로 골프나 치고 살아야 하는데 그러지 못해 지금 이렇게 치사하게 구는 거니?"

남편은 처음 이야기를 꺼낼 때는 나를 찬찬히 설득하려는 생각으로 시작했다. 나의 톡톡거리는 말투도 다 받아가면서 열심히 이야기를 시작한 건데 결국 한 번의 말실수로 사태가 걷잡을 수 없는 데까지 간 것이다. 남편은 자존심을 거침없이 건드리는 내 말에 눈에 불이 날 것 같이 나를 노려보았다. 심지어 주먹까지 불끈 쥐고 한참을 노려보면서 마지막 남은 인내심을 발휘해 참으려 노력하는 것이 보였다.

나는 스스로도 뭔가 잘못되었다는 것을 감지했지만 제어가 되질 않았다. 이쯤에서 서로 잘못된 말에 대해서만은 사과를 하고 넘어가야 한다는 걸 잘 알면서도 그런 말은 머릿속에서만 맴돌 뿐 입까지는 좀처럼 내려오질 않는 것이다. 심지어 그런 생각이 오히려 까닭 모를 반발심을 더욱 부채질 했다. 나는 남편의 불타는 눈빛과 불끈 쥔 주먹을 번갈아 노려보며 더 심한 말을 꺼내려다 크게 심호흡을 하며 참았다. 그러고 나니 눈물이 주룩주룩 쏟아진다.

눈물 흘리는 모습을 들키고 싶지 않아 얼른 일어나 거실에서 나와 주방으로 들어갔다. 냉장고를 여니 맥주가 보였다. 맥주에 절로 손이 갔지만 여기에 술기운까지 더하면 정말로 걷잡을 수 없는 사태까지 갈 수 있겠다는 생각이 들었다.

나 또한 싸우고 싶어 시작한 것이 아니었다. 나도 이자가 아깝고 이자 내느라 지난 달 아이 학원 하나를 중단할 수밖에 없는 상황까지 내몰린 것에 정신이 번쩍 들기도 했다.

남편이 집 담보로 대출을 받아 손을 댄 주식투자에서 크게 손실을 보고 말았다는 고백만 하지 않았어도 나는 오늘 합리적인 해결 방안을 함께 그려보고 싶었다. 그런데 엎친 데 덮친 격이라는 말이 바로 이런 걸까.

갈수록 일이 꼬여만 간다. 나는 맥주까지 가던 손을 물병으로 옮겼다. 물 한 잔을 단숨에 마셔버리고 서재로 들어가 문을 걸어 잠그고 누워버렸다. 잠을 청했지만 잠이 오지 않았다. 그렇게 오랫동안 집안 가득 무겁고 불쾌한 정적이 흐르고, 괴로운 새벽을 보낸 끝에 나는 나도 모르게 잠깐 잠이 들었다.

AJUMMA & The City

일명 아줌마 앤 더 시티는 최근의 재테크 열풍으로 인한
주부들의 서글픈 물질 만능주의를 표현하고 있다.
재테크 정보를 교환하며 돈 되는 땅에 돈을 모아 투자하고
서로의 네트워크에 끼지 않은 직장 맘을 철저히 왕따 시키는
아줌마 앤 더 시티.
이제 새로운 아줌마 앤 더 시티가 필요하다.
아이들에게 존경받고 가정에 사랑의 울타리를 치며
배려와 공생을 실천하기 위해
건전한 경제마인드를 실천하는 가정의 위대한 리더!
누구보다 가족의 미래를 적극적으로 꿈꾸고
꿈을 실현하는 '뉴 아줌마 앤 더 시티'
착실하게 가계부에서부터 시작하자.

불씨

저는 이렇게 돈 문제로 가정에 불이 나기 전에 그 불씨를 제거하는 일을 합니다.
불씨를 하나하나 찾아서 소방 점검을 한다고나 할까요?

그의 황당한 자기소개에 한동안 조용히 앉아 있기만 하던 남편이 갑자기 큰 소리로 웃는다. 아직 술이 덜 깬 걸까? 나는 아이 점심 준비를 하다 깜짝 놀라 거실 쪽으로 신경을 집중시켰다. 한참을 웃고 난 남편은 유쾌한 목소리로 말을 이었다.

"아, 죄송합니다. 말씀이 너무 재미있어서요. 불이 나면 모든 것을 잃는다, 우리집에 그런 불씨가 있다? 좀 황당한 자기소개를 하셨는데 사실 우리집에 불씨가 하나 둘이 아니라서요.

어제만 해도 대단한 불이 날 뻔 했었죠. 그래서 그 이야기를 듣고 있다 보니 혹 우리를 위해 어디선가 보내준 천사인가 이런 생각이 들었지 뭡니까? 참내, 제가 아직 술이 덜 깼나 봐요. 이렇게 황당한 생각을 다 하고……. 아, 그나저나 소방관이라고 하셨나요? 겉으로 봐서는 전혀 소방관 같지가 않은데, 그건 그렇고 누굴 찾아 오신건가요? 제 와이프 손님이신가요?"

'확실히 술이 덜 깼군.' 속으로 이런 생각을 하며 예진이에게 밥을 퍼주었다.

"얼른 먹고 학원 가."

예진이는 배가 고팠는지 아니면 낯선 손님의 느닷없는 방문에 호기심이 생겨서인지 반찬 투정도 없이 조용히 밥을 먹기 시작했다. 나 또한 남편과 내가 아직 아침도 먹지 않았다는 사실도 잊은 채 아이에게만 얼른 밥을 차려주고 다시 거실로 나갔다.

"저는 어느 한 분만을 찾아온 게 아니고요. 가족 모두의 손님이라고 해야 되겠네요. 하하하. 그래도 좀 더 정확한 소개가 필요하겠죠? 초면에 너무 선문답 식으로만 말씀을 드렸더니 당황스러우신 것 같은데요. 부인께 말씀드렸듯이 부인의 오빠 되시는 분이 저와 막역한 사이입니다. 그분의 부탁으로 이 집에 있는 불씨를 제거하러 왔고요."

나는 이쯤에서 냉정해져야겠다는 생각이 들었다. 오빠로부터 부탁받고 온 낯선 사람의 갑작스런 방문에 그저 호기심만 갖고 알 수 없는 이야기를 주고받을 수는 없는 노릇이다. 도대체

이 사람이 이야기하는 불씨는 무엇이며, 자신이 소방관이라고 하는 것은 또 뭔지, 실제 어떤 일을 하는 사람인지 제대로 따져야 한다는 생각이 든 것이다.

"사실 아까는 경황이 없어서 누구신지도 잘 모르고 집안까지 안내를 했는데요. 오빠가 뭣 때문에 저희 집을 소개했다는 건지, 또 뭐하시는 분인지……. 지금까지 들은 내용대로라면 도저히 알 수가 없네요."

그는 여전히 얼굴에 재미있다는 표정으로 나를 한참을 바라보더니 가방을 열어 명함을 한 장 꺼내 내밀었다.

"보시다시피 저는 정말 소방관입니다. 다만 진짜 화재를 진압하는 소방관이 아니고요. 이 가정의 행복, 가족의 꿈, 사랑을 위협하는 불을 끄는 소방관이죠."

명함을 살펴보니 이름과 연락처가 있고 회사 이름이 적혀 있을 곳에 '가계 재정 소방관'이란 말이 쓰여 있다. 명함을 보고 그를 바라보니 그의 얼굴엔 더 이상 장난기가 없다. 진지한 목소리로 그가 말을 이었다.

"우리는 흔히 돈이 많으면 행복해질 것이란 생각을 갖고 삽니다. 특히 결혼을 하고 가정을 꾸리게 되면 돈이 가정의 행복을 결정하는 데 가장 중요한 수단이라고 생각하는 사람들이 많죠. 어떻게 보면 틀린 말은 아닙니다. 그런데 잘 들여다보면 우리는

과거에 비해 많은 돈을 벌고 또 그만큼 많이 쓰면서 살고 있거든요. 그런데 요즘 사람들이 행복해졌느냐 하면 그렇지가 않다는 게 문제입니다. 오히려 이전보다 더 불행하다고 믿는 사람들이 늘고 있습니다. 돈 때문에 자살하고 돈 때문에 이혼하고 돈 때문에 범죄를 저지르는 사람들이 더 많이 늘어나고 있다는 거죠. 결국 돈 문제로 가정의 평화가 깨지는 것입니다. 불이 나서 가족의 꿈, 미래, 사랑 이런 것들이 잿더미가 되는 거죠. 저는 이렇게 돈 문제로 가정에 불이 나기 전에 그 불씨를 제거하는 일을 합니다. 불씨를 하나하나 찾아서 소방 점검을 한다고나 할까요?"

돈 문제로 모든 것이 잿더미가 되어버린다는 이야기가 과장된 것으로 들리지 않았다. 어제의 우리 부부는 남편 말대로 불나기 일보직전이었기 때문이다. 말 그대로 불씨가 여기저기 도사리고 있다. 아니 솔직히 이미 어디선가 불씨가 번져버렸는지도 모르겠다. 갑자기 소름이 돋았다.

"자, 이제 이 가정의 불씨가 무엇인지 점검을 해보는 것이 좋지 않을까요? 말씀드린 대로 아직은 그저 불씨에 지나지 않습니다. 아마 이미 불이 나서 번지기 시작했다면 제가 도움을 드릴 수가 없겠죠. 그런데 이렇게 와서 직접 가족 분들의 얼굴을 보니 불씨도 있지만 희망 또한 많은 가정입니다. 아마 김정수 씨가 저를 이 가정에 소개하신 이유가 그 희망에 대한 안타까움이 아니었을까 하는 생각이 드네요. 참고로 김정수 씨는 저의 최고의 친구입니다. 큰 이변이 없는 한 평생을 좋은 친구로 지낼 사이지요. 김정수 씨는 제게 멘토이기도 하고 가끔은 반대로 제가 오빠분에게 멘토 역할을 하는 때도 있고요. 그분은 제 투자자이기도 하고 가장 영향력이 막강한 주주이기도 합니다."

오빠와의 관계를 설명하면서 그는 가방에서 큼지막한 봉투를 꺼냈다. 봉투에는 '재정 소방 점검'이라고 쓰여 있었다. 나는 좀 전의 투자자라는 말, 막강한 주주라는 말을 떠올리면서 혹시나 하는 생각에 한번 더 의심을 드러냈다.

"우리 오빠가 투자자라고요? 그럼, 저희 집에 혹시 뭔가 팔려고 오신 건가요?"

내 질문에 그는 눈이 동그래졌다.

"당연히 아니지요. 김정수 씨가 설마 동생에게 뭘 팔려는 사람에게 투자를 할 사람이겠습니까? 제가 하는 일이 많이 궁금하시겠지만 저의 일을 이해하기 위해서는 시간이 필요합니다. 물론 이런 종류의 점검은 제게 돈을 지불하셔야 하는 일이죠. 그런데 그 돈은 김정수 씨가 이미 내셨습니다. 아마 제가 이 가정의 불씨를 훌륭하게 찾아내 제거한다면 두 분도 누군가를 위해 제게 특별한 부탁을 하실 수도 있을 겁니다. 당연히 비용도 두 분이 선뜻 제게 지불하실 거구요. 우선 저의 방문에 대한 당혹감은 잠시 미뤄두고 하나하나 점검부터 해나가는 것이 어떨까요?"

그때까지 잠자코 듣고만 있던 남편은 내 손에서 명함을 가져가 유심히 바라보더니 뭔가 결심한 듯이 말을 이었다.

"그래 여보, 어차피 형님이 어떤 분이시냐? 괜한 의심은 접어두고. 불씨, 그래 우리집에 여기저기 깔려 있는 불씨 한번 제대로 찾아보지 뭐. 솔직히 난 형님이 왜 이분을 보내셨는지 알 것 같기도 하고, 또 왠지 기대되기도 하는데?"

물론 나도 이 사람의 이야기를 못 알아듣는 것이 아니다. 오빠의 소개도 사실 충분히 이해할 만하고 고맙기까지 하다. 그와 눈이 마주칠 때마다 오빠의 염려가 밀려오는 것만 같다. 그럼에도 자꾸 선을 긋는 것은 내 못된 버릇 때문이다. 어린 아이 같은 자존심, 엄마에게 혼난 나를 달래기 위해 할머니가 건네는 과자를 괜한 심통으로 선뜻 받지 않는 식 말이다. 내 편일 것 같은 사람 앞에서 참았던 울음을 더 심하게 터트리고야 마는 것, 이런 종류의 심통은 시간이 지날수록 더 곤란해지는 법이다. 어린 아이였다면 할머니가 나의 자존심을 충분히 되살릴 만큼 달래주었겠지만, 어른이 된 나는 적당한 시점에 세련된 방법으로 스스로 심통을 끝낼 용기를 가져야만 한다.

차라리 오빠의 소개로 뭔가 팔려고 왔다면 더 친절했을 텐데, 오빠의 진심어린 염려와 따뜻함에 괜히 나는 어린애같은 심통을 어쩌지 못하고 있는 것이다.

남편은 그가 꺼낸 서류에 호기심 가득한 눈길을 보내며 어서 첫 장을 넘기기를 바라는 것 같다. 내가 심통을 버릴 용기를 내지 못하며 주저하고 있을 때 남편이 나의 고민을 덜어주었다. 그냥 곧바로 본론으로 들어가 버린 것이다.

"우리집 가장 큰 불씨는 사실 돈 문제인데요. 형님께 대략 말씀을 듣고 오셨을 테지만 지금 정말 머리가 아플 지경이거든요. 그 외에는 그렇게 큰 문제는 없는 편이에요. 솔직히 돈 문제만 아니라면 가족 간 불화도 없을 겁니다. 이 사람과 형님도 여느 오누이 사이와는 다르게 돈독합니다. 그런데 그놈의 돈 때문에 사소한 말다툼을 한 후로 서로 얼굴 못 본 지 일 년이 넘었네요. 아, 그런데 소방 점검이란 건 어떻게 하는 거죠?"

남편은 순간 내가 민감해 하는 부분을 꺼냈다는 데 생각이 미쳤는지 오빠와의 불화 이야기를 하려다 황급히 말을 돌린다.

그는 서류를 우리 앞으로 밀어 놓으며 말을 이었다.

"문제가 꼬였다면 뭐든 처음부터 다시 시작해보는 것도 나쁘지 않습니다. 모든 불씨는 처음의 마음을 잃었기 때문에 생겨나죠. 처음 마음을 잃게 되면 어느 순간 우리는 우리도 모르게 궤도에서 이탈할 수 있습니다. 그런데 이미 잘못 들어선 길에서 서로의 잘잘못을 따지거나 급하게 문제를 풀려고 애를 쓰다보면 해결되기는커녕 더 꼬이기만 하지요."

맞는 말이다. 우리는 여러 차례 문제를 풀어보려고 애를 썼다. 그러나 그럴수록 문제가 자꾸 커진다. 풀려고 시작했지만 푸는 과정에서 서로에게 화를 내게 된다. 그 화가 문제를 더 키우고 다시 풀려고 할 때는 풀어야 할 숙제가 더 늘어나 있다. 지금 우리는 어디서부터 손을 대야 할지 모르는 난감한 지경까지 와 있는 건지도 모르겠다.

"제가 제안하고 싶은 것은 모든 문제는 일단 덮어두고, 두 분이 결혼하실 때처럼 함께 살며 어떤 모습으로 살고 싶었는지, 미래를 어떻게 만들어가야 할지에 대한 그림을 다시 그려보자는 것입니다. 그림을 그리다보면 이 가정에 어떤 불씨가 있는지 구체적으로 알게 될 것입니다. 불씨를 세세히 발견해가는 과정은 생각보다 괴롭지 않습니다. 오히려 얼마나 단순한 문제였는지를 제대로 보게 되죠. 문제를 알고 나면 불씨는 자연히 꺼지게 되어 있습니다."

단순한 문제, 오늘 새벽 남편과 크게 싸우고 잠시 잠이 들었다 깨면서 했던 생각이다. 어디서부터 잘못된 걸까? 이전보다 더 좋은 집에서 살고 있고 재테크로 더 많은 돈을 불리며 살고 있는데 왜 더 불행해지는 것일까? 한참을 생각하는 중에 갑자기 처음 샀던 그 집이 떠올랐다. 그 집을 살 때는 큰 욕심으로 무리하지 않았다. 그저 우리는 하나를 얻기위해 불필요한 다른 것을 포기했을 뿐이다. 혼수, 예단, 값나가는 신혼살림 등 결혼에 불필요한 허세라고 여긴 것들을 아예 빼거나 최소한의 것으로만 하고 집사는 데 자금을 집중시켰다. 물론 주변에서 이런저런 말들이 없었던 것이 아니다. 남편의 집에서는 약혼식도 없이 결혼하는 것도 불만인데 도둑장가처럼 보낸다고 어머님께서 며칠씩 앓아누우시기도 했다. 하지만 버린 것은 얻은 것에 비해 결코 값진 것이 아니었다는 것이 우리의 생각이었다.

남편이나 나는 서로 마음이 잘 맞았다. 그렇게 첫 시작을 무리없이 우리집을 갖고 시작하면서 우린 정말 뿌듯하고 행복했다. 적어도 집값이 너무 많이 오르기 전까지는……

문제는 거기서부터 시작된 것이 아니었을까. 오늘 새벽에 든 생각이다. 싸움이 잦아진 것이 그 무렵부터였기 때문이다. 집값이 올라 좋아하는 사이, 우리 가정에 알 수 없는 균열이 일어나고 있었던 것이다. 애초에 집을 살 때는 집으로 큰돈을 벌고자 한 것이 절대 아니었다. 그저 어릴 적부터 가난 때문에 수차례 이사 다닌 경험이 싫었던 탓에 시작부터 안정적인 생활을 하고 싶었던 것뿐이다. 나는 늘 한 동네에서 오래 사는 친구들이 많이 부러웠다. 그리고 그들을 보며 어른이 되면 이사 다니지 않으며 살겠노라고 다짐하곤 했다. 그래서 대학 다니면서부터 열심히 저축을 했고 아르바이트도 거르지 않았다.

나는 그저 그렇게 소박한 꿈을 실현하기 위해 집을 샀을 뿐이다. 물론 여느 남자들처럼 술값을 많이 쓰거나 허세를 부리는 사람이 결코 아닌 남편의 전폭적인 지지 하에 말이다.

그런데 어느새 그런 소박한 행복과 꿈이 사라지고 그 빈자리는 무언가에 홀린 듯 돈만을 좇느라 지치고 피곤한, 서로에게 상처를 주는 일상들이 채워지기 시작했다. 지난 새벽, 나는 어렴풋이 우리 가정의 불씨와 마주하기 시작했나보다.

걱정하는 중산층, 소외되는 서민

재테크는 다른 사람이 실패하는 돈을 흡수하는 것이므로
중산층과 서민의 미래를 더욱 불행하게 할 뿐이다.
고급정보와 대단한 종자돈으로 승부를 거는 고도의 머니 게임에서
실패자는 중산층과 서민일 수밖에 없다.
가계부는 뻔한 실패의 길에서 벗어나
행복한 미래를 향한 길로 한 걸음씩 다가가도록 안내해 준다.
대책 없는 재테크로 불행해지지 말고
우리 가족의 미래를 위해 가계부에 매일의 희망을 적어나가자.

쩐모양처 스트레스

누구의 잘못은 아니지만 우리는 사실 어딘가로 자꾸만 끌려갑니다.
그 길은 우리가 행복해지는 길이 아닌 것은 분명해요.

살면서 나름의 열등감과 상처를 경험하지 않는 사람은 없을 것이다. 세상살이라는 것이 원하는 모든 것을 쉽게 얻을 수는 없기 때문에 어쩌면 그것은 당연한 것이다. 그러나 하나를 얻으면 다른 하나를 포기해야 하는 세상 이치 속에서도 나약함과 간사함이 혼재된 인간이란 존재는 얻는 것보다 포기하는 것에 더 많은 아쉬움을 갖는다.

왕자와 거지라는 동화에서도 왕자는 거지의 자유를 꿈꾸고 거지는 왕자의 부를 동경한다. 자유와 부를 동시에 가질 수 없다고 말하는 그 동화는 어쩌면 우리 현실을 제대로 보여주는지도 모르겠다.

내 것보다 남의 것이 더 커 보이고 우리는 그로 인해 이유 없는 열등감을 갖는다. 내가 가지지 못한 것 때문에 상처를 입고, 먼 훗날에도 당시에 느꼈던 열등감과 상처는 현실의 의사결정에 큰 영향을 미치게 된다.

내가 결혼과 동시에 내 집을 가져야 한다는 고집을 부렸던 것도 같은 맥락이다. 나는 어릴 적부터 유치원에 가는 친구를 부러워했고, 피아노 가방을 들고 다니는 친구와 이유 없이 다투기도 했다. 나는 불쌍한 거지이고 그 친구들은 행복한 왕자인 것만 같았다.

물론 그 친구들 또한 동화 속 왕자처럼 상대적으로 가난한 내가 가진 것들을 부러워했었나 보다. 동창회에서 만난 한 친구가 나의 야무진 성격이 부러웠다고, 고무줄을 잘 하는 것도 공기놀이에서 언제나 일등이었던 것도 너무 부러웠다고 한 걸 보면 말이다. 유치원이나 피아노 학원에 다니지 않다보니 그저 고무줄이나 공기놀이를 할 시간이 많았을 뿐이라는 사실이 내게 얼마나 아픈 상처가 담긴 고백인지 그 친구는 잘 모를 것이다.

소방관은 '재정 소방 점검'이라고 적혀 있는 서류의 첫 장을 넘겼다. 그 첫 장에는 꼭 해야 할 일과 꼭 하고 싶은 일을 적는 칸이 있었다.

"이제부터 차근차근 행복을 그려보죠. 그 과정에서 이 가정의 불씨를 구체적으로 찾아나가는 것입니다. 우리는 흔히 꼭 하고 싶은 것들을 한두 가지 이상씩 갖고 있습니다. 그런데 그것들은 사실 어린 시절에 겪은 결핍에서 비롯되는 경우가 많죠. 문제는, 꼭 하고 싶은 것들을 보다 체계적이고 계획적으로 실현해가면서 살아야 하는데 그렇지 않은 사람들이 많다는 겁니다. 막연히 과거에 내가 누리지 못한 것들을 쉽게 누리려고 하다보면 어디선가 구멍이 나게 되어 있습니다. 두 분은 결혼하면서 가장 먼저 어떤 것들을 꼭 하고 싶으셨나요?"

나는 당연히 집 사는 것이었고 남편은……. 글쎄, 남편은 무엇이었을까? 생각해보니 남편은 그저 나의 바람을 동의해주었을 뿐인 것 같다. 남편이 절실하게 하고 싶었던 것에 대해 나는 들은 바가 떠오르지 않았다.

"이 사람은 집을 사고 싶어했고 저는 사실 돈을 많이 모으고 싶었죠. 그때만 해도 집을 사게 되면 그간 모은 돈을 전부 써야 할 판이어서 처음 이 사람이 집부터 사자고 했을 때 혼자 많이 고민했었습니다. 저는 솔직히 때가 되면 이민을 가고 싶었거든요. 이민을 가기 위해서는 여기서 집을 장만할 것이 아니라 자금을 넉넉하게 준비하는 것이 필요하다는 생각을 했던 거죠. 그런데 이 사람이 연애시절부터 안정적인 집에서 살았으면 한다는 이야기를 자주 해서요. 제 의견을 적극적으로 표현하지 못하고 속으로 어떻게 되겠지 하는 생각만 했던 겁니다. 그런데 결국 이 사람의 결정이 돈 불리는 데에 더 효과적이었으니 결과적으로 제가 하고 싶었던 것도 실현된 셈이기도 한데요…….”

남편은 말끝을 흐렸다. 아마 결과적으로 집 산 것이 자산 증식에 효과적이었는지에 대해 최근 들어 부쩍 고민이 늘어난 탓일 거다. 생각해보니 남편은 자주 이민 갔으면 좋겠다는 이야기를 했던 것 같다. 그런데 나는 그런 남편의 말을 그저 그냥 해보는 이야기 정도로 흘려듣고 있었다. 그것도 무려 13년 동안이나 말이다. 갑자기 남편에게 미안해졌다.

남편의 이야기를 들은 소방관은 하고 싶은 것을 기입하는 곳에 집과 이민이라고 적어 넣었다.

"그런데 좀 전에 보니까 토요일인데도 아이가 학원에 가는 것 같던데요. 아이에게 사교육을 많이 시키시나요? 주로 어떤 것을 가르치고 계시죠?"

질문이 갑작스러웠다. 아이의 사교육과 관련해서 우리 부부의 갈등을 들킨 것 같아 쉽게 답하지 못하고 있었는데, 아니나 다를까 남편은 불만이 가득한 말투로 고자질을 하듯 말을 늘어놓는다.

"그게 바로 우리집 핵심 불씨 중 하납니다. 솔직히 저는 아이들을 많이 뛰어놀게 하고 싶습니다. 그런데 이 사람은 도대체 아이를 가만히 두질 않아요."

잠시 소방관은 남편의 말을 가로막는다.

"죄송합니다만, 이런 일을 하다보면 제가 오히려 싸움을 부추길 위험도 있습니다. 그래서 말씀인데 생각의 차이는 그냥 확인만 하는 것이 좋지 않을까요? 김미연 씨도 나름대로 여러 이유가 있을 테니까요."

나는 속으로 소방관이 내 편이 된 것 같은 생각에 남편을 향해 '그것 봐라' 하는 시선을 보냈다.

"사교육은 우리집만 문제가 되는 게 아니잖아요. 주위를 둘러보면 우리는 아무것도 아니에요. 이 사람이야 밖에서 보내는 시간이 더 많으니까 저의 조급한 마음을 다 이해하기 어렵겠죠. 그런데 저는 정말 많이 불안해요. 저도 가급적이면 아이가 많이 뛰어놀고 공부에 쫓기지 않았으면 좋겠어요. 그런데 그렇게 해서는 지금 같은 세상에 도저히 따라갈 수가 없잖아요?"

남편은 나의 이야기를 들으면서 뭔가 말을 하려다 이내 도로 집어넣는다. 말해봐야 싸움밖에 안되지 하는 표정이 역력하다.

"아직 제 질문에 대한 답은 못 들었네요. 그래서 아이가 어떤 것을 배우고 있나요?"

우리 예진이의 생활이 사교육으로 인해 대단히 피곤하다는 것은 나 또한 마음 아픈 일이다. 학교에서 돌아오는 즉시 영어학원에 가야 한다. 영어학원에 다녀오면 시간을 관리하고 숙제를 봐주는 선생님이 집으로 방문을 한다. 이 부분은 솔직히 내가 직접 해야 하는 부분이지만 재테크를 위해 뛰어다니는 시간이 늘면서 아이에게 소홀해지는 부분이 많아져 방문 선생님을 둘 수밖에 없었다.

남편과 아이 교육 문제로 다투기 시작한 건 바로 여기서부터다. 예진이가 2학년이 되었을 때 학교에 준비물을 자주 빼먹고 가곤 했다. 그 즈음이 바로 내가 본격적으로 투자에 뛰어든 때로, 외출이 잦아지고 집에 있더라도 재테크 관련 책을 읽는 시간이 늘어 이전까지 해주던 예진이의 가방 점검을 잊었던 탓이다. 어느 날 아침 식탁에서 예진이가 울먹거리며 말했다.

"엄마, 나 있잖아. 오늘도 선생님한테 손바닥 맞으면 어떡하지? 만날 맞아서 너무 창피하고 아파."

남편은 밥을 먹다 사래까지 들며 놀라 눈이 동그래졌다.

"만날 맞다니, 무슨 말이야? 예진아, 네가 왜 선생님한테 손바닥을 맞는 건데?"

예진이는 아빠의 물음에 대답도 못하고 갑자기 울음을 터트리고 말았다. 나 또한 너무 놀랐다. 답답하고 화가 나는데 예진이는 우느라 말도 제대로 못하는 것이다. 그렇게 한참을 엉엉 울더니 어깨까지 들썩이며 이야기를 했다.

"내가 계속 뭔가를 빼먹고 가. 그러니까 책을 안 가져갔거나 아니면 찰흙을 사가야 하는데 안 가져갔거나 그랬어."

예진이는 평소 자기 할 일은 자기가 알아서 해야 한다는 나의 잔소리가 생각났는지 내 눈치를 살피며 이야기를 했다.

그날 남편은 오후에 출근을 해야 했다. 아이를 데리고 학교에 가서 선생님을 만나고 왔고, 돌아와서는 점심시간이 지나도록 내게 큰소리를 퍼부으며 화를 냈기 때문이다.

아이 뒷바라지나 똑바로 해라, 너무 돈돈 하는 거 아니냐, 재테크 때문에 아이가 매일 맞고 다니는 것도 모르냐······.

남편은 나의 인격을 대놓고 모욕하는 이야기를 한참이나 쏟아냈다. 나는 억울하기도 했고 할 말도 많았지만 솔직히 내게도 충격적인 일이고 나 스스로도 용서가 되지 않아 아무 말 없이 잠자코 듣고만 있었다.

남편이 회사에 출근하고 나서 한참을 고민했다. 그렇지만 솔직히 아이 생각만 하기에는 난감했다. 벌려 놓은 것은 많은데 아이 가방 챙겨주느라 모든 것을 중단할 수만은 없다는 생각이 들었다. 그때 함께 재테크 교육을 들으러 다니는 동호회 회원에게서 스케줄 선생님을 추천받을 수 있었다.

조금이라도 더 벌어야 아이에게 최상의 교육을 시켜줄 수 있다는 생각이 들었다. 겨우 가방이나 챙겨준다고 우리 예진이의 미래가 달라지지 않는다. 영어학원 하나도 제대로 된 원어민 교육을 받기 위해 자가용으로 최고의 학원까지 실어 나르는 엄마들도 있다.

그런 엄마들을 보면 좀 심하다는 생각이 들기도 했지만 한편으론 그렇게까지 해주지 못해서 예진이에게 미안한 마음이 들었던 것도 부인할 수 없는 사실이다.

그렇게 해서 재테크 수익률이 조금씩 좋아질 때마다 나는 예진이의 학원을 한 개씩 늘렸다. 지금은 피아노, 발레, 영어와 논술에 독서지도까지 헤아리기 민망한 수준이다.

소방관은 나의 이야기를 듣고 그리 크게 놀라는 기색이 없었다. 오히려 이해한다는 표정이었다.

"아이가 여러 학원에 다니는 것을 보면 측은하기도 하지만 뿌듯하기도 하시죠?"

남편은 소방관이 내 편을 들 것 같은 분위기가 들자 갑자기 뭔가 말을 하려 했다. 그런데 소방관이 부드럽게 웃으며 남편에 앞서 질문을 던졌다.

"이민수 씨는 예진이가 이중 어떤 학원을 그만두길 바라십니까?"

갑작스런 질문에 남편은 잠시 생각을 하다 귀찮다는 듯이 말을 던진다.

"어떤 게 중요한 게 아니고요. 솔직히 너무 많이 하잖아요. 제 생각 같아서는 다 안했으면 하거든요."

나는 남편의 이런 태도가 너무 싫다. 무책임하게 내뱉듯이 던지는 말 한마디로 아이를 혼자 위하는 양 구는 것 말이다.

소방관은 웃으며 남편에게 찬찬히 질문을 이어간다.

"물론 그렇죠. 이민수 씨가 말씀하신 대로 예진이가 이 학원에서 저 학원으로 시달리는 것이 안쓰러운 것은 분명합니다. 그렇지만 그래도 중요하게 생각하시는 교육이 있을 것 같은데요. 정말 하나도 안 다녔으면 하신 겁니까?"

남편은 이런 구체적인 질문에 잠시 머뭇거리더니 뚱한 표정으로 대답한다.

"글쎄요. 그저 건강하고 씩씩하고 친구들하고 잘 어울리면 좋은 거 아닌가요? 솔직히 요즘에 학원 하나도 안 다니는 아이들이 없어서 전혀 안 보내면 친구도 없다니까. 굳이 한두 개 다닌다면 운동 가르치고 영어는 뭐, 저도 살아보니 잘해서 나쁘지 않으니까 영어학원 정도 다니면 되지 않을까 하는 거죠."

"그렇군요. 흔히 남자들은 딸이 피아노 치는 모습을 보고 싶어 하기도 하잖아요. 피아노는 어떤가요?"

맞다. 남편은 평소 피아노 하나만 남기고 다 끊으라는 이야기를 종종 했다. 그것뿐이 아니다. 사교육과 관련해 무심한 태도로 학원에 그만 보내라고 했다가도 아이가 학교에서 상을 받아오거나 시험을 보고 좋은 점수를 받아오면 한동안 학원 이야기는 쏙 들어간다. 심지어 모임에 가서 우리 예진이가 영어도 잘하고 그림도 잘 그리는 데다 요즘은 무용을 해서 키도 쑥쑥 크는 것 같다는 자랑까지 심심찮게 한다. 아이에게 너무 무리하게 시키는 것 아니냐며 타박하면서도 정작 결과는 늘 자신의 자랑거리로 삼는 모순적인 모습을 자주 보인다.

"살다보면 정답이 없는 것이 참 많죠. 분명 어릴 적에는 좋은 것도 싫은 것도 단순해 보였는데 살다보면 어떤 것이 좋은 건지, 또 무엇이 틀린 건지 잘 모를 때가 많습니다. 그렇지만 우리가 이 복잡한 세상살이에서 어떤 의사결정을 할 때에는 분명히 이유가 있습니다. 아이들에게 교육을 많이 시키는 것이 옳은 걸 수도 있고 틀린 것일 수도 있는데 두 분의 선택에는 어찌되었건 이유가 있을 겁니다. 그런데 제가 사람들을 많이 만나면서 느낀 것은 자녀 교육에 부모가 어릴 적 갖고 있던 아쉬움이 많이 반영되어 있다는 겁니다. 우리 아이에게만은 내가 부러워했던 것들을 시키고 싶은 거죠. 또 미래에 대한 불안함도 자녀 교육에 많이 반영이 됩니다. 우리 아이만큼은 부모보다는 더 안정적이고 성공적으로 살았으면 좋겠다는 바람으로 이것저것 필요하다 싶은 것을 다 시킵니다. 게다가 부인의 경우는 주위에서 아이들 교육에 대한 정보를 많이 접하실 테니까 필요하다 싶은 교육이 더욱 늘어났을 거구요."

소방관은 잔잔한 말투로 나와 남편을 위로하듯 말을 이어갔다. 그러나 결코 위로가 되지는 못했다. 그의 말을 듣고 있자니 꼭 마음을 몽땅 들킨 것만 같았다. 교육을 많이 시키는 것이 옳은 건지, 틀린 건지 늘 헷갈렸다. 아마 남편의 이중적인 행동도 이런 혼란에서 비롯되는 것일지 모른다. 어릴 적 아쉬움이 자녀의 교육에 관한 의사결정에 영향을 미친다는 말은 특히 내 가슴을 콕 찌르는 이야기였다.

나는 집안 사정 때문에 유치원도 다녀보지 못했다. 내 기억 속 우리 동네 유치원은 동화 속 궁전이었다. 알록달록 꾸며진 철 제문 사이로 동네 부자 친구들이 마당에 나와 노는 모습은 어린 나이에도 나를 심하게 주눅 들게 만들었다. 부러운 마음을 누르고 누르던 어느 날인가 나도 제발 유치원에 보내 달라고 떼를 쓰다가 엄마의 슬픈 눈빛에 좌절해야 했고, 그날 저녁 오빠에게 심하게 맞기까지 했다.

결국 제풀에 꺾여 체념하긴 했지만 마음에 깊게 패인 상처는 자라면서 이따금씩 다시 곪아 터지곤 했다. 종종 그 유치원 출신 친구들을 보며 괜한 심통을 부리곤 했던 걸 보면 말이다.

피아노학원, 발레학원, 논술학원……. 다섯 살 때부터 유치원에 다닌 예진이의 이러한 학습 스케줄은 어쩌면 내 과거의 상처가 빚어낸 것일 수도 있다. 내가 간절히 원했던 것을 배우고 있는 예진이가 간혹 지겹다며 학원에 안 가겠다 떼를 쓰는 모습에 화를 내기도 하고, '배부른 소리 한다'며 심한 말을 하기도 하는 나를 돌아보면, 어릴 적 친구에게 냈던 심통이 되살아난 건가 싶기도 하다.

소방관의 말대로 과거에 가졌던 상실감에 미래에 대한 불안함이 더해지고 여기저기서 주워들은 정보들까지 섞이며 스스로를 더욱 조급하게 만들었던 것 같다. 우연히 친구 집에 놀러갔다가 친구 아들이 영어를 유창하게 구사하는 모습에 깜짝 놀라 그 날로 예진이를 영어학원에 등록시키기도 했다. 재테크를 시작하게 된 동기에는 이렇게 예진이에게 다양한 교육을 시키기 위해 필요한 돈을 마련해야 한다는 강박관념도 큰 몫을 차지했다.

"혹시 쩐모양처라고 아시나요?"

소방관은 갑자기 내게 질문을 하는가 싶더니 남편을 바라보며 말을 잇는다.

"우리 사회는 여성들에게 은근히 많은 것을 요구합니다. 예전에는 흔히 현모양처라고 해서 자녀 뒷바라지 잘하고 남편 내조 잘하는 여성을 선호했지만, 최근에는 단순히 정성과 노력만으로 엄마와 아내의 역할을 다할 수는 없다는 분위기인 것 같습니다. 주부들에게 재테크로 가정 경제를 부유하게 할 것을 강요하는 게 아닌가 하는 걱정이 들 때가 많아요. 소위 쩐모양처라는 신조어까지 등장했는데요. 남편들이 집에 와서 늘어놓는 주위 여자들의 재테크 성공담이 쩐모양처를 양산하는 데 한몫 하고 있는 거죠. 물론 이게 남자들만의 잘못은 아닙니다. 남자들은 남자들대로 조기퇴직이다 뭐다 해서 마음들이 불안하니까요. 돈 버는 일이 점점 어려워지고 있잖아요. 그런데 주위에서 동료 직원의 부인이 재테크를 잘해서 고수익을 챙기고 있다는 이야기를 들으면 마음이 더 급해지죠. 부럽기도 하고 허탈하기도 하고, 저 또한 전혀 아니라면 솔직히 거짓말일 겁니다. 그런데 집에 와서 그런 이야기를 하게 되면 부인들은 심한 자괴감에 빠져들죠. 가뜩이나 빠듯한 살림, 아이에게 들어가는 교육비까지 어느 것 하나 숨쉴 틈 없이 빡빡한데 재테크 잘하는 다른 집 부인 이야기에 더 큰 스트레스를 받게 됩니다."

남편은 순간 얼굴이 벌겋게 달아올랐다. 크게 놀라기는 나도 마찬가지였다. '소방관이 우리집에 CCTV라도 설치해 놓은 것

일까?'

"아니 소방관님, 저희 집에 CCTV라도 설치 해 놓으셨나요? 어쩜 그렇게……. 하하하."

남편도 나와 같은 생각을 했나 보다. 이 말을 하며 갑자기 큰 소리로 웃음을 터트렸다.

"정말 대단하시네요. 아무래도 이거 당신을 미리 만나서 말 맞추고 오신 거 아냐? 하하, 농담입니다. 그런데 정말 너무 찔리네요. 맞습니다. 제 와이프가 쩐모양처 신드롬에 빠져 있죠. 물론 제가 부추겼구요. 딸내미 교육시키고 싶은 건 많은데 제가 벌어오는 돈은 쥐꼬리만 하니까요. 정말이지 사는 게 뭐 이런지 모르겠습니다. 에휴."

말끝에는 웃음기가 사라지고 허탈한 한숨까지 이어진다. 갑자기 마음이 찡해왔다. 전날 내가 한 말이 남편에게 큰 상처가 된 건가 싶은 생각에 남편이 한없이 측은하게 여겨진다.

쩐모양처. 내 모습을 너무 적나라하게 표현한 말이다. 언뜻 우습고 천박해 보이는 이 단어처럼 내 자신이 너무 창피하다는 생각이 들어 서글퍼졌다.

그러나 나도 남편도 이런 걸 원했던 건 아니다. 그저 좀 더 잘 살고 싶었을 뿐이다. 허황되고 싶었던 것이 아닌데, 그저 남들에게 뒤처지지 않으려 했던 것뿐인데, 어느새 돈에 끌려 다니고 돈 때문에 다투고 돈에 찌들 대로 찌든 우스꽝스런 모습이 되어버렸다.

"두 분은 그저 조금 지친 것 뿐입니다. 그동안 너무 쉬지 않으신 거예요. 그리고 이건 비단 두 분만의 이야기가 아닙니다. 우리 사회, 평범한 사람들의 현 주소지요. 우리는 많이 지쳐 있습니다. 뚜렷한 이유를 알 수 없지만 허탈함과 박탈감을 달고 살아요. 뒤처질까봐 두렵고 갑갑한 현실에서 빨리 벗어나고 싶은 불안함이 우리를 병들게 하고 있다는 생각을 자주 합니다. 누구의 잘못은 아니지만 우리는 사실 어딘가로 자꾸만 끌려갑니다. 그 길은 우리가 행복해지는 길이 아닌 것은 분명해요. 어느 날 문득 정신을 차려 보면 너무 멀리 와버려 되돌릴 길이 아득하다는 생각에 공포심에 휩싸일 수 있습니다. 과연 원인이 뭘까요?"

정말이지 울고 싶어졌다. 소방관의 말처럼 나는 너무 지쳐 있었다. 이건 아니라는 걸 잘 알지만 다시 되돌아갈 길을 찾을 수가 없고, 아니 정확하게는 돌아가기에 너무 멀리 와버린 건 아닌지, 그걸 확인하게 될까봐 두려운 것이다.

"원인은 그저 잘 살고 싶은 마음이었습니다. 아마 자녀를 키우는 부모라면 모두 잘 살고 싶은 마음, 더 해주고 싶은 마음, 그래서 빨리 부자가 되어야 한다는 생각에서 자유로울 수 없을 겁니다. 쩐모양처 스트레스는 그런 현실에서 생겨나는 슬픈 자화

상일 뿐이죠. 그러나 너무 절망하실 필요는 없습니다. 아직은 불씨에 지나지 않으니까요. 불씨는 제거하기 어렵지 않습니다. 잘못 들어선 길, 힘을 내서 다시 돌아가면 되죠. 돌아가는 길은 생각보다 그리 멀지 않습니다. 물론 쉽지만은 않은 일입니다. 다시 돌아가서 바른 길을 찾아야 하니까요. 중요한 건 이제라도 끈기를 갖고 가족들 모두 제 길을 찾아가겠다는 마음을 모으는 것이 중요합니다. 돌아가야 한다는 걸 깨달았다는 사실이 중요합니다."

신기한 일이다. 내 마음에 절망과 희망이 싸움을 하고 있다. '그래, 정말 내가 원한 것은 우리 가족이 행복했으면 좋겠다는 거였어.' 잠시 길을 잃었을 뿐 행복한 가정을 꿈꾸며 좋은 엄마, 좋은 아내이길 바라는 내 본심이 사라진 것은 아니지 않은가.

나는 얼마간의 침묵을 깨고 입을 열었다.

"모든 걸 다 되돌려 다시 시작하려면 무엇부터 해야 하나요? 우리집 불씨, 어떻게 꺼야 할까요? 도와주세요."

당신에게 갑자기 100억이 생긴다면?

아파트를 사고, 차를 바꾸고, 유명 음식점에서 고급 음식을 사먹으며,
다니던 회사를 그만두고 사업을 계획한다.
평소 꿈에만 그리던 휴양지로 훌쩍 여행을 다녀오고
명품 옷과 액세서리를 구입한다.
얼마간은 사회단체에 기부도 하고 아이들을 사립학교로 이전시킨다.
아마도 이런 생활을 꿈꾸는 사람들이 많을 것이다.
그러나 이 행복함이 얼마나 갈 수 있을까?
이것저것 쓰고 나면 점점 돈이 바닥나 급한 마음이 들고
그래서 주식이나 부동산으로 더 많은 돈을 쉽게 불리려 할 것이다.
쉽게 생긴 돈은 쉽게 나가는 법.
100세까지 살게 될지도 모를 당신의 긴 삶에서
100억이란 돈으로 살 수 있는 행복은 잠시에 지나지 않는다.
그에 비해 가계부는, 화려한 일상은 아니라 해도
조금씩 부자가 되어가는 행복의 참맛을 줄 것이다.

부자아빠 스트레스

당신 모르지, 나 말이야.
아침에 출근 할 때마다 지하철역에서 확 뛰어내리고 싶을 때도 있었다.
그냥 사라져 버리고 싶은 거야. 도대체 내 꼴이 이게 뭔가……

부모가 되는 일은 세상에서 가장 고된 수행을 하는 일이라고 말한 친구가 있었다. 나보다 먼저 결혼해서 일찌감치 아들을 낳아 키우던 그 친구를 모임에서 만났을 때 그녀는 결혼 전과는 많이 달라진 모습이었다. 분명히 친구인데도 왠지 더 어른 같았고 이전보다 훨씬 성숙해진 모습이었다고나 할까. 내가 예진이를 낳았을 때 병원에 꽃을 사들고 찾아온 그 친구가 이렇게 말했다.

"축하해! 드디어 너도 고행 길에 접어들었구나. 각오해야 해. 부모가 되는 일은 세상에서 가장 고된 수행을 하는 일이라고들

하거든. 고행 길 동지 만난 오늘 난 무지 기쁘다. 축하해. 동지!"

그때까지만 해도 나는 그 말을 다 이해하지 못했다. 그저 아이 키우기가 쉽지 않다는 뜻이려니 했을 뿐이다. 그러나 한 해 한 해 아이를 키우면서 그 말의 깊은 의미를 처절하게 깨닫는 순간을 많이 경험하고 있다.

나의 어머니는 '세상에서 가장 예쁜 꽃은 자식 꽃' 이라는 말씀을 자주 하셨다. 생경했던 이 말이 내 마음에 깊이 새겨진 것은 예진이를 낳아 기르면서이다. 매일 매일 눈을 떠 아이를 볼 때마다 엄마의 그 말이 얼마나 간절한 것이었는지, 내가 엄마에게 얼마나 소중한 존재였는지 확인할 수 있었다. 그리고 예진이에게 좀 더 좋은 집에서 더 좋은 것을 해주지 못하는 마음에 미안해질 때마다 엄마의 마음 또한 내게 전해졌다. 가난한 나의 과거, 가난한 엄마에 대한 연민이 잔잔한 파도가 일렁이듯 마음에 번지는 것이다.

남편은 나에 비해 넉넉한 형편에서 자랐지만 부모님 두 분이 함께 장사를 나가시는 탓에 아주 어린 나이부터 집에서 동생을 돌보아야 했다고 한다. 그 시절엔 좀 넉넉히 산다고 해도 보모를 둘 정도는 아니었나보다.

그렇게 어릴 때부터 책임감을 갖고 자란 남편은 속으로 외로움을 많이 탄다. 초등학생일 때는 학교에서 집으로 돌아갈 때마다 엄마가 집에 계시는 상상을 했다고 한다. 문을 열고 집에 들어서면 엄마가 반갑게 반겨주는 상상. 하지만 상상은 말 그대로 상상으로 끝나고 늘 허탈한 마음을 가질 수밖에 없었다.

그런 남편은 결혼을 하면서 내게 딱 하나만 약속해달라고 부탁했다. 아이를 낳으면 사회생활을 접고 적어도 아이가 중학교에 진학할 때까지는 집에서 살림만 해달라는 것이었다. 대단한 직장에 취업을 한 것이 아니었던 나는 사회생활에 큰 미련이 없었다. 단지 집 한 채 사고 나면 남는 돈이 없는데 남편의 월급만으로 빠듯하게 살아야 할 것이 걱정되었을 뿐이다.

남편은 부모님이 평생 장사를 하시면서 고생하시는 것을 보며 마음이 아팠고, 그렇게 평생 장사하셨지만 결국 노후를 그리 넉넉하게 보내지 못하시는 모습을 보고는 절대 장사는 하지 않겠다는 말을 자주 했다. 게다가 IMF를 거치면서 하루하루 손해만 늘어나 결국에는 더 해봐야 빚만 남겠다는 판단으로 허무하게 장사를 접으셨다. 남대문 잡화상으로 평생을 고생하셨는데 겨우 자식들 교육시킨 것으로 끝이 나버린 것이다. 물론 더 어렵게 된 집이 많은데 이 정도는 얼마나 다행이냐는 말씀으로 쓸쓸하게 위안을 삼으시기는 했지만 말이다.

남편은 인터넷 신문사에서 사업관리 팀장으로 일하고 있다.

첫 직장은 대기업이었지만 구조조정 분위기에서 심한 스트레스를 받다가 헤드헌팅 하는 친구의 도움으로 이직을 했다. 지금 직장은 연봉이 매년 거의 제자리라는 것만 제외하면 일도 어렵지 않고 안정적인 편이다. 물론 이것은 어디까지나 나만의 생각이다. IMF 당시 첫 직장에서 구조조정의 스트레스를 경험한 후 조기퇴직의 두려움이 남편을 짓누르는 일상이 되어버렸는지도 모를 일이다.

한번은 모임에 나가 술을 마시고 들어와서는 나를 붙들고 그 두려움을 하소연했던 적이 있다.

"있잖아, 오늘 모임이 뭐였냐면……. 내 첫 직장 입사동기 모임이었거든. 정말 생각해보면 그때 입사동기가 100명 가까이 됐는데, 그때는 누구도 우리가 마흔을 넘기면서 처음 시작한 그 자리에 남아 있는 사람이 거의 없게 될 것이란 걸 몰랐었어. 아니 아니지. 나만 몰랐나? 허허 아무튼, 그래 한때는 나도 그렇게 생각했던 적이 있지. 나만 병신 같다고……. 근데 말야. 오늘 모임 나가서 동기들 이야기 들어보니까 나처럼 회사를 떠난 사람이나 악착같이 버티고 남아있는 친구들이나 모두 두려움에 떠는 건 마찬가지더라. 입사 동기 100여 명 중 남아있는 친구는 고작 10여 명, 도대체 나머지 90명은 어디 가서 뭘 하나, 남아 있는 친구들은 그 생각만으로도 그 자리가 더 지옥 같다는 거야.

꼭 시한부 인생 같은 거 있잖아. 여보야. 우리 여보야……. 휴. 뭐 사는 게 이러냐."

꼭 나 들으라고 하는 이야기는 아니었다. 그저 넋두리처럼 중얼거리듯 뱉은 남편의 푸념, 하지만 그것은 나의 마음을 후벼 파기에 충분했다.

'이렇게 힘들어 하는 구나.' 위로를 해주고 싶었다. 그러나 어느새 우리 부부는 그런 속 깊은 대화를 낯설어 하는 관계가 되어버린 터, '너무 힘들어 하지 마. 자책도 말고, 당신에게는 내가 있잖아' 라는 말이 그저 혀끝에서 맴돌기만 할 뿐 끝내 입 밖으로는 나오지 않았다.

"당신 모르지. 나 말이야. 아침에 출근할 때마다 지하철역에서 확 뛰어내리고 싶을 때도 있었다. 그냥 사라져버리고 싶은 거야. 아이들에게는 나보다 더 좋은 아빠, 더 능력 있고 더 많은 지원을 해줄 수 있는 아빠가 필요한 거 아닌가. 당신에게는 당신이 '돈돈돈' 거리지 않을 만큼 넉넉하게 벌어다 주는 남편이 필요한 거 아닌가. 근데 도대체 내 꼴이 이게 뭔가…… 그런 생각 때문에 말이지. 어느 날은 그런 생각이 머릿속을 가득 메우다가 그냥 확 죽어버렸으면 좋겠다, 아니 조용히 사라졌으면 좋겠다 싶을 때도 있었다니까. 난 말이야. 내 삶에 배신을 당한 것 같은 기분이야. 진짜……. 이런 게 아니었는데. 진짜 이렇게 비굴하게 살지 누가 알았냐. 겨우 이렇게 살려고, 휴…… 정말 한심하다."
 술기운에 갑자기 끝도 없는 자책감이 생길 수 있다. 살아가는 것에 대해 주체할 수 없이 서글픈 기분이 들 수 있다. 술이란 게 원래 그렇잖은가. 기분을 걷잡을 수 없이 올려주기도 했다가 끝도 없는 나락으로 밀어버리기도 하니까. 그저 남편은 술기운에 기분이 좀 가라앉은 것일 뿐이라고 생각하고 싶었다. 그러나 출근길에 사라져버리고 싶었다는 남편의 넋두리만은 술기운으로 치부하며 가볍게 지나칠 수가 없었다. 나와 우리 아이가 그렇

게까지 이 사람을 힘들게 하는 것인가. 남편이 가엾기도 하면서 한편으로는 서운한 마음도 들었다.

소방관은 갑자기 가방에서 사진 한 장을 꺼내었다. 아이들이 밝게 웃고 있는 사진이었다.

"예쁘죠? 아까 처음 이 집에 들어설 때 귀여운 따님 얼굴을 봤는데 그 순간 집에 있는 제 딸이 너무 보고 싶어졌습니다. 부모가 되는 일이란 참 신기하죠. 저는 원래 아이를 별로 좋아하지 않았거든요. 그런데 내 아이를 키우면서부터는 지나가는 아이만 봐도 내 아이들이 떠올라서 마냥 귀엽고 예쁘다는 생각을 하게 됩니다. 그래서 이렇게 사진을 들고 다니기는 하는데 남자들은 이렇게 아이들 사진을 바라보며 예쁘다는 생각만 하고 있을 여유가 없죠. 마음 같아서는 살면서 하고 싶은 일만 했으면 좋겠고 내키지 않는 일은 과감히 거절하고 싶지만, 바로 이 아이들이 있기 때문에 함부로 마음 이끌리는 대로는 살지 못합니다."

남편은 소방관에게서 사진을 건네받고 유심히 들여다본다.

"와, 정말 예쁘네요. 이렇게 주말이면 아이들과 함께 시간을 보내야 하는 건데 괜히 저희 때문에 시간을 뺏기신 건 아닌지 모르겠습니다."

소방관은 남편의 말에 따뜻한 웃음을 지어 보인다.

"그러게요. 그렇지만 오늘만은 아이들 때문에 하기 싫은 일을 하는 것이 아닙니다. 오늘 일은 저에게 아주 중요해요. 이렇게 두 분과 상담을 하면서 저도 마음을 다잡습니다. 어떻게 살아야 하는지, 다시 한번 다짐을 하는 시간인거죠. 우리는 늘 흔들리고 휩쓸리며 살잖아요.

아이들을 키우면서는 아이들 인생이 내게 달렸다는 생각에 더 예민해집니다. 그리고 내가 뒤처지는 것은 곧 우리 아이들이 뒤처지는 것이란 생각 때문에 정신없이 사방을 뛰어다니게 되지요. 어느 순간 정신 차리고 돌아보면 도대체 내가 어디에 와 있는 건지, 또 어디로 가고 있는 건지 알 수 없을 정도로 우리는 책임감 때문에 잠시도 숨 돌릴 틈 없이 뒤처지지 않으려고 안간힘 쓰고 살기 바쁩니다. 그런데 이렇게 오늘처럼 사는 것에 대한 이야기를 나눌 때는 굉장히 큰 의미가 생겨요. 내가 가야 하는 길을 숨을 돌려 찬찬히 합리적으로 그려보게 해주거든요. 이민수 씨 부자 아빠 되고 싶으시죠?"

소방관은 우리 마음 깊은 곳에 숨어 있는 상처와 아픔을 건드리는 탁월한 능력이 있는 사람이다. 평소 두려움에 감히 들여다 보기 어려운 그 상처와 아픔은 소방관의 잔잔한 목소리를 타고 슬며시 꺼내져, 솜씨 좋은 의사에게 치료를 내맡기듯 안도하게 되는 것이다. 그러나 그는 안도감에 잠시 쉬려는 우리를 그냥 내버려두지만은 않았다. 보이지 않는 상처까지 다 드러내 쓰린 약을 치려는 것이다. 그는 적당히 상처를 치유하는 것에 만족하지 않는 집요한 의사이다.

"네? 부자 아빠요? 글쎄요. 너무 갑작스런 질문이라서. 뭐 사실 남자들이라면 어느 정도 그런 바람을 갖고 있죠. 아니 바람이라기보다는 그런 압박 속에서 살고 있다는 것이 더 정확할겁니다. 가정이나 사회에서나 남자들에게 그런 걸 바라잖아요. 그렇지만 워낙에 현실과 괴리된 거라서……. 부자 아빠라, 솔직히 부자 아빠는커녕 최소한의 것이라도 제대로 해줄 수 있으면 좋겠다 싶을 때가 더 많죠."

남편은 나 들으라는 식으로 더듬더듬 말을 잇는다. 처음 재테크 시작하면서 이런 저런 책을 골라 읽다가 내가 남편에게 선물한 것이 바로 『부자 아빠, 가난한 아빠』라는 책이다. 결혼 전에는 서로에게 곧잘 책 선물을 하곤 했는데 결혼하고 나서는 그런 이벤트를 할 일이 없었고 그러다 결혼 7년 만에 선물한 책이 바로 그 책이었다.

명색이 선물인데 남편은 포장지를 뜯어보자마자 실망한 기색이 역력했다.

"뭐야, 이게 선물이야? 당신 정말……. 와, 사는 거 너무 폼 안 난다. 몇 년 만에 마누라한테 받은 선물이 부자아빠 되라는 압박이란 말이지? 이민수 인생 너무 서글프네."

크게 반기리라 기대한 것은 아니었지만 정성스럽게 리본까지 달아 포장하면서 내 진심을 전달하려고 나름 애를 썼는데 이렇게 나오니 나도 마음이 썩 좋지 않았다. 눈에 콩깍지 씌여 연애하는 사이도 아니고 현실에 늘 버둥거리고 살면서 낯간지러운 시집을 선물하는 건 좀 우습지 않은가.

물론 나도 그 책을 선물할 때는 속으로 바란 것이 전혀 없지는 않다. 다만 제목처럼 그저 부자 아빠가 되라는 압박만은 아니었다. 그만큼 긴장하고 우리 아이들을 위해 힘들어도 더 나은 미래를 꿈꾸자는 제안이었는데, 남편은 포장을 뜯자마자 속물스런 제목보다 더 속물스럽게 내 정성을 폄하하기에 바빴다.

남편이 그 책을 읽었는지는 확인해 보지 않았다. 남편의 실망과 경멸하는 듯한 반응에 그저 나는 며칠 동안 남편과 대화를 서먹하게 하는 것으로 시위하며 7년 만의 이벤트를 끝냈을 뿐이다.

"예진이나 이 사람 생각하면 저도 부자 아빠가 되고 싶죠. 그런데 솔직히 부자 아빠 되는 걸 떠나서 세상살이라는 게 늘 뒤처지는 것 같은 위기감에 정신없잖아요. 친구들 중에서 의사나 변호사, 혹은 사업해서 돈 잘 버는 친구들을 보면 저도 우리 식구들이 너무 불쌍하다는 생각 많이 합니다. 그래서 주식에까지 손을 댄 거겠죠. 나도 식구들에게 돈으로 한번 당당해지고 싶다는 마음, 근데 오히려 그것 때문에 더욱 쪼그라들 처지에 놓였으니……. 요즘처럼 우리집에 이런 저런 경제적 문제가 꼬여 이 사람하고 싸울 때마다, 돌아서면 제 자신이 한없이 미워집니다. 어제도 저희 부부 심각하게 전쟁 치렀습니다. 싸우다 말고 이 사람이 방에서 나가버리고 나서 솔직히 아침해 뜰 때까지 잠도 못 잤지요. 내 자신이 너무 한심해서요. 부자 아빠라……. 저도 한때는 그런 꿈을 꿔보기도 했던 것 같은데, 지금 제 모습은 그야말로 패잔병이네요."

남편이 풀죽은 목소리로 넋두리 같은 이야기를 풀어놓는다. 갑자기 나는 내 모습이 뚜렷이 보였다. 마치 유체 이탈처럼 내가 내게서 떨어져 나를 똑바로 바라본 순간, 그 모습은 어느 유행가 가사처럼 아이에게는 돈 걱정 하지 말고 공부만 해라, 남편에게는 돈 좀 많이 벌어 오라는 말을 입에 달고 사는 '아줌마' 그 자체였다.

매일 많은 순간을 돈돈 거리며 살고 있다. 재테크를 하겠다고 뛰어다니면서 한창 수익률이 잘 나갈 때조차 나는 그 놈의 돈 걱정에서 한순간도 벗어나본 적이 없다. 평수를 넓혀 이사를 했을 때도 아주 잠깐 재테크를 잘해 좋은 집에 살게 되었다는 자부심이 들었을 뿐 그 기분은 오래 가지 않았다. 매월 이자를 감당하기 위해 마이너스 통장과 씨름하면서 남편의 월급에 짜증내기 일쑤였던 것이다. 펀드 투자로 수익률이 잘 나올 때도 혹시 주가가 갑자기 떨어져 모든 것이 물거품이 되는 것은 아닌가, 그나마 빚이나 갚을 걸 하고 후회하게 되는 건 아닌가 하는 걱정에 잠을 제대로 잔 날이 많지 않다.

이런 속앓이는 나 혼자만의 몫은 아니었다. 남편에게 이래저래 스트레스를 주며 우리의 현실을 한없이 타박하기 여념 없었으니까. 물론 남편이 이런 우리의 우스꽝스런 모습에 늘 피해자인 것은 아니었다. 처음 시작도 남편이 내게 불을 지핀 것이나 다름없었고 부동산 투자에 펀드 투자에 쫓아다니는 나를 보며 수익률의 등락에 따라 잔소리와 칭찬 사이를 왔다 갔다 했으니 말이다. 주식에 손을 댄 것도 아마 내가 부동산 투자를 무리하게 하느라 늘린 빚 때문일 거다. 재테크를 위해 거의 절반 이상 빚을 끼고 두 번째 집을 샀을 때 남편은 나를 말렸었다. 그러다 그 집값이 채 일 년도 안 되어 30% 가량 오르는 것을 보고는 연신 나의 선택에 침이 마르도록 칭찬을 했다. 결혼과 동시에 샀던 집은 내게 특별한 의미였고 정들긴 했지만 새 집에 비해 너무 비좁게 여겨졌다. 30평형대 새 아파트가 있는데 정 때문에 20평형대 낡은 아파트에 사는 것이 자연스럽지가 않았던 것이다. 그래서 처음 집을 월세로 빼주고 두 번째 집으로 이사를 했다. 대출 이자는 처음 집 월세로 해결할 수 있었고, 게다가 역세권에 주위에 재개발 바람이 불고 있는 터라 처음 샀을 때보다 집값이 거의 세 배나 올랐기에 더 과감히 이사를 결심했던 것 같다. 그리고 나는 집값 상승에 자신감을 얻어 첫 번째 집과 두 번째 집에서 추가로 담보 대출을 얻어 오피스텔에 투자했다. 오피스텔도 월세를 내주면 이자 정도는 문제가 안될 것이라는 판단에 따른 것이었다.

그렇게 해서 부채는 순식간에 3억까지 불어났다. 남편의 연봉은 5,000만원이 조금 안 된다. 6년 이상을 한 푼도 안 쓰고 갚아야 할 액수이다. 그러나 연일 오르는 집값에 나는 겁이 없었다. 주위에서도 대단하다는 반응을 보였고, 심지어 재테크 강연을 해보거나 책을 써볼 생각이 없냐는 제안까지 받기도 했다. 나는 못할 것도 없다는 자신감이 들었다.

그러다가 문제가 꼬이기 시작한 것은 오피스텔 잔금까지 치르고 났는데 월세가 나가지 않으면서부터였다. 심지어 보러 오는 사람도 없었다. 대학가 주변의 오피스텔에 투자하고 싶었지만 돈이 다소 부족해 그나마 전철역 주변이라 괜찮겠다 싶은, 시내에서 약간 떨어진 곳에 지어진 오피스텔을 선택한 것이 화근이었을까. 나름대로 시장에 대한 냉철한 판단과 주변 여건을 살피는 안목으로 투자했다고 자부했는데 결정적인 난관에 부딪힌 것이다. 결국 월세가 나가지 않아 1억 5,000만원에 대한 이자를 생돈으로 꼬박 물어야 하는 일이 벌어졌다.

남편 월급은 보너스 달이 아닌 달에는 250만원밖에 안 되는데 이미 예진이 사교육비로 150만원이 빠져나가는 상황에, 이자만 80여만원이 되고 보니 보통 때에는 오로지 마이너스 통장에 의존해야만 생활이 유지되었다. 그나마도 처음 몇 달은 좀 지나면 되겠지 하는 안일함에 생활비도 줄이지 않았다. 1,000만원짜리 마이너스 통장이 몇 달 지나지도 않았는데 바닥이 보이기 시작하고 나서야 나는 사태의 심각성을 깨달을 수 있었다. 부랴부랴 오피스텔을 처분해야겠다는 판단을 하고 부동산 사이트를 뒤적여보았을때 비로소 자만심이 화가 되어 돌아오고 있다는 것을 뼈저리게 느꼈다. 오피스텔 매물이 꽤 많이 나와 있는데다 분양가보다 크게 하회하는 가격의 급매물도 허다했다. 월세는 문의조차 없어서 팔려고 해도 팔 수 없는 진퇴양난의 상황이었다. 너무 당황스러웠다. 이자 때문에 어쩔 수 없이 마이너스 통장 2,000만원짜리를 추가로 만들었다.

그제야 남편도 사태의 심각성을 눈치 챘다. 거의 일주일간 부부 싸움을 하면서 냉전이 이어졌다. 아마 남편이 주식에 손을 댄 것이 그쯤이었을 것이다.

남편은 대학시절에도 아르바이트로 돈을 벌어 주식투자를 해본 경험이 있었다. 그때는 크게 욕심이 없었기 때문인지 아니면 원금 손실에 대한 지나친 우려 때문인지 그저 용돈벌이 정도 였는데……. 절박한 심정이다 보니 그런 작은 성공의 경험까지 떠올려 위급한 가정 경제에 나름대로 돌파구를 찾아보겠다는 마음으로 주식에 손을 댔을 것이란 걸 모르지 않는다. 사실 남편이 주식투자를 하고 있다는 사실을 처음부터 알고 있었다. 그럼에도 나는 어제 남편의 주식 이야기에 불같이 화를 냈다. 남편의 주식투자 결과가 이 답답한 상황을 반전시킬 수 있기를 은근히 기대하고 있었던 것이다. 그런데 그 기대감은 처절한 현실 앞에 와르르 무너져 내렸다.

과연 우리집에 희망이 들어설 자리가 있는 것일까?

왜 이렇게 돈에 질질 끌려 살아왔는지, 알고 보면 서로 잘살게 해주고 싶다는 마음, 마음만큼 못 해주는 미안함을 가졌으면서 정작 의욕과 미안함이 피해의식으로 변질돼 상처만 주고 살아온 것이다. 나는 돈만 밝히는 쩐모양처, 남편은 패배한 부자 아빠로 정말 웃기지도 않게 살아가고 있다.

"두 분이 이유 없이 자책하고 사는 게 아닌가 싶은데요. 김미연 씨가 이런 저런 재테크에 열심이신 것도, 실패하긴 했지만 이민수 씨가 주식투자에 손을 댄 것도 출발은 서로에게 더 나은 미래를 만들어주고 싶다는 의욕이었다는 것을 꼭 기억해야 합니다. 물론 방법이 최선이었는지에 대해 냉정하게 평가해보는 과정이 반드시 있어야 하겠지만요. 어찌되었든 결과적으로 봤을 때는 서로에게 마음만큼 좋은 결과를 만든 것 같지는 않죠? 게다가 두 분 모두 마음에 많은 상처를 받으신 걸로 봐서는 이제라도 빨리 다른 방법을 모색하는 것이 절실합니다."

다른 방법. 그런 것이 정말 과연 있을까? 이렇게까지 아등바등했음에도 상처투성이 결과만을 안았는데 다른 방법이 있을 수 있을까? 정말 절망적인 기분이 들었다.

잠시 깊은 생각에 빠진 것 같던 남편이 답답하다는 투로 입을 열었다.

"그런 게 도대체 뭐죠? 솔직히 이미 너무 극단적인 결말에 도달한 건 아닐까요? 저도 오늘 새벽까지 나름대로 고민해봤지만 도저히 답이 없어요. 실마리를 찾으려면 뭐든 하나라도 해결이 돼야 하는데, 그동안 너무 저질렀어요. 집을 팔아 해결하려니 다 연결되어 있어서 팔려면 한꺼번에 몽땅 처분해야 되는 상황이고, 그러자니 세금 부담이 장난이 아니에요. 주식은 이미 깨먹었고, 당장 소득이 더 늘어날 일은 없는데 나갈 돈은 산더미 같고, 줄이자니 더 줄일 것도 없을 것 같은데다 줄여봤자 뭐가 달라지나 싶기도 하고. 휴……. 솔직히 이미 불이 나고 있는지도 모릅니다. 다 타지 않기만을 바라는 것이 최선이 아닐까 싶다니까요. 도대체 어떻게 해야 할까요?"

남편은 복잡한 우리집 경제 상황을 두서없이 쏟아냈다. 남편의 이야기를 듣고 있으니 진짜 더 참담한 기분이 들었다. 도대체 그동안 무슨 짓을 하고 살았던 걸까? 모든 게 다 꼬여 절대로 풀 수 없는 엉킨 실타래가 되어버린 기분이다.

"언뜻 들어봐도 상당히 복잡한 재무구조 상태라는 건 알겠습니다. 그렇지만 그렇게 복잡할수록 크게 심호흡을 하고 처음으로 돌아가서 문제를 풀 필요가 있습니다. 우리가 무엇 때문에 그

렇게 일을 벌였던 것인지, 지금까지의 이야기만으로도 아마 두 분 마음에 처음 시작할 때의 동기를 다시 확인하는 좋은 시간이 되었으리라 봅니다. 재차 강조하지만 중요한 건 두 분이 보다 행복해지고 싶다, 서로에게 더 좋은 역할을 하고 싶다고 생각했던 초심을 확인하는 것입니다. 그 마음을 전제로 문제를 풀어야 합니다. 그렇지 않으면 또 다시 문제가 꼬일 수 있어요. 서로에 대한 애정과 안쓰러움, 이걸 상기하셔야 합니다. 그리고 이제부터 당장의 문제를 차근차근 풀어내면 됩니다. 아무리 복잡해 보여도 사실 문제를 나열해보면 풀리지 않을 것이 없어요. 물론 어떤 경우 문제가 이미 터지기 일보직전까지 가서 손대기 어려운 것도 있기는 합니다만, 두 분의 경우는 분명히 그만큼은 아닙니다. 처음의 마음을 기억하고 조금만 욕심을 버리는 것이 필요해요. 미래에 대해 구체적인 희망을 만들어가는 것이 중요합니다. 앞으로도 막연한 기대심이나 무리한 욕심, 구체적이지 않은 낙관이 개입되면 문제는 결코 해결되지 않습니다. 자, 여기 제가 두 분 이야기를 들으면서 두 분의 처음 마음, 미래에 대한 희망들을 기록해 두었습니다. 이걸 잊지 마시기 바랍니다."

이야기를 나누는 내내 마음이 복잡해서 유심히 살피지 못했었는데 소방관은 틈틈이 무언가를 열심히 기록을 했던가보다. 내용을 보고 놀라지 않을 수 없었다. 기록을 전하며 소방관은 지금까지의 부드럽고 위로가 담긴 말투에서 갑자기 지나치게 냉철하다 느낄 정도의 태도로 바꾸었다. 하지만 오히려 그 냉철한 말투가 나를 안도하게 했다. 뭔지 모를 힘이 느껴지기도 하고 단호함이 보인다. 그리고 그 힘과 단호함이 끝도 없는 절망감에 떨어지려는 나를 잡아 끌어올려 희망을 잃지 말라고 흔들어 깨우는 것만 같다. 남편도 나와 마찬가지로 새로운 시작에 대해 긴장하는 모습이었다.

그 순간, 마음에 작은 희망이 번지고 있었다.

소방관의 메모

1. 하고 싶은 일, 해야 할 일
- 내 집에서 안정적으로 살고 싶다.
- 아이를 어릴 적 보았던 부잣집 아이처럼 여유있게 키우고 싶다.
- 이민을 가거나 해외에서 거주해보고 싶다.
- 좀 더 많은 돈을 벌고 싶다.
- 돈을 쉽게 벌고 싶다. → 임대 사업으로 돈을 쉽게 벌고 그 부동산이 올라 차익 실현도 하는 두 마리 토끼를 잡고 싶다.
- 아이에게 최고의 교육 기회를 주고 싶다.
- 월급에 얽매이지 않고 살 만큼 다른 여유 소득이 있었으면 좋겠다.
  → 월급이 용돈이었으면 좋겠다.
- 능력있는 아내, 능력 있는 엄마이고 싶다.

2. 가족의 경제적 갈등
- 부동산 투자가 꼬였다. 빚이 많다. 부채 이자를 갚기 위해 빚을 내야 할 판이다.
- 부동산이 더 오를 것 같아 팔기 아깝다. 기대했던 오피스텔 임대 사업에 차질이 생겼다.
- 이자가 연체되기도 한다. 그러나 오피스텔이 임대만 되면 모든 문제가 해결될 것 같기도 하다.
- 처분하려니 손해를 봐야 한다. 본전이라도 챙겨야 하는데 고민이다.
- 임대를 적극적으로 알아보고 본전이 될 때까지 기다려야 한다.

3. 아내의 결핍
- 교육의 기회를 충분히 받지 못한 것이 아쉽다. 남보다 뒤처지는 것이 싫었고 언제나 눈에 띄고 싶었다. 그러나 경제적 뒷받침이 충분치 않았다.
→ 아이에게만큼은 이런 경제적 결핍을 갖게 하고 싶지 않다.

4. 남편의 결핍
- 엄마의 손길이 그리웠다. 그러나 혼자 책임지는 가정 경제가 버겁다. 맞벌이도 싫고 외벌이는 부담스럽다. 부인이 집에서라도 돈을 잘 불려주었으면 좋겠다.

5. 가족의 경제적 오류
- 자산의 상태를 정확히 분석하고 있지 못한 듯. 빚을 내서 투자를 한 탓에 자산을 갖고는 있지만 불안함. 집 값의 상승이 아직 장부상 가치일 뿐인데 지출을 늘린다.
- 각자의 결핍이 서로 힘들게 하는 것은 아닌지?

6. 가족의 희망
- 서로가 너무 사랑한다. 상대에게 좋은 배우자가 되고 싶어하고 좋은 부모, 능력 있는 부모가 되고 싶어한다. 상대의 짐을 덜어주고자 하는 마음이 많으며 서로를 안쓰러워한다.
- 더 잘살고 싶어하는 마음이 간절하다.

7. 가족의 경제적 꿈
- 아내는 남편이 너무 큰 경제적 부담을 혼자 감당하지 않게 돕고 싶다.
- 남편은 아내가 돈 걱정하지 않고 여유있게 살게 해주고 싶다.
- 아이에게는 자신들이 받은 결핍을 겪지 않게 해주고 싶다.

가계부가 지겹다고?

세상에서 가장 어려운 일은 바로 '매일 해야 하는 일'이다.
가계부 쓰기가 바로 그런 일이다.
하지만 세상에서 가장 중요한 일도 '매일 해야 하는 일'이다.
밥 먹는 일이 그렇고 씻는 일이 그렇다.
아침에 일어나고 저녁에 잠드는 것
모두 매일 해야 하는 일이다.
그것들을 하지 않고 사는 방법은 없다.
가계부는 밥 먹는 일과 같다.
매일 해야 하는 어려운 일이지만 그만큼 중요한 일이다.
음식을 해야 하고 설거지를 해야 하는 것은 번거롭지만
그 음식을 먹을 때는 달콤하다.
쓴 돈을 기록하고 되새기면서 반성하는 것도 번거롭지만
매일 조금씩 부자가 되어가는 뿌듯함을 즐겨보자.

마법의 거울, 김정수 이야기

나에게 있어 오빠는 거울 같은 존재였다.
내가 가장 보기 싫어하는 비뚤어진 내 모습이 비치는 마법의 거울.

일 년 전 나는 오빠와 크게 다투었다. 아니 정확히 말하자면 내가 일방적으로 크게 화를 내며 인연을 끊겠다고 선언을 해버렸다. 우리 오빠, 김정수란 사람은 절대로 나와 다툴 사람이 아니다. 그는 언제나 내가 잘 살기를 바라는 사람이고, 늘 올바르게 사는 사람이다. 너무 바보같이 좋은 사람. 나는 그런 오빠를 정말 사랑하지만 때때로 갑갑함을 느끼기도 했다. 내 눈에 보이는 오빠는 너무 흠잡을 데가 없어 얄밉기까지 했던 것이다. 나도 나름대로 똑똑하고 잘났다고 생각하는데 현실에서는 늘 걱정거리 동생일 뿐이다. 때로 내가 더 옳다는 것을 보여주고 싶은데 결국에는 오빠에게 백기를 들어야 하는 처지가 된다. 대학 다닐 때까지는 오빠에게 도움을 받아도 자존심이 상하는 정도는 아니었다. 그러나 결혼하고 나서 잘 살고 있고, 이제 나도 오빠에게 '봐, 나도 한다면 하지? 이제 내 보호자 역할 졸업해도 되겠지? 때로는 이 동생이 더 잘난 법도 있는 거야' 하며 잘난 척을 하고 싶었는데, 결혼 12년 만에 오빠에게 호된 매를 맞아야 했던 것이다. 나를 걱정하며 안타까워하다 못해 절망에 빠진 오빠의 눈빛과 마주하게 되었을 때, 정말이지 나는 그것을 견딜 수 없었다. 하나도 나아진 것이 없는 나 자신에게 더 화가 났다.

오빠는 나보다 여덟 살이나 나이가 많으면서도 결혼은 2년 늦게 했다. 새언니와 5년 넘게 연애를 했으면서도 결혼을 늦췄던 것은 순전히 나 때문이라고 봐야 한다. 물론 내가 그렇게 해달라고 조른 것은 아니다. 단지 오빠는 스스로 내게 아빠 역할을 해야 한다는 강박관념이 있었던 것이다. 내 대학 등록금 전부와 용돈까지도 오빠가 전부 책임을 졌다. 물론 엄마와 함께 사는 데 드는 생활비도 오빠 몫이었다. 오빠 자신은 직장생활을 하면서 야간대학에 다니며 어렵게 학업을 마쳤다. 고등학교 시절에도 틈틈이 아르바이트로 엄마의 고생을 덜어주려 애쓰며 살았는데 고등학교 졸업 이후에는 단 한 번도 돈 버는 일을 쉬어보지 못한 사람이다. 그렇게 돈 버는 데 많은 시간을 할애했지만 오빠 스스로는 결혼 당시 집을 살 여유자금이 없었다. 어릴 때부터 가장의 역할을 해오느라 정작 본인은 돈을 써보지도 못하고 모으지도 못한 것이다. 심지어 돈을 많이 버는 가장도 감당하기 힘들다는 대학 등록금을 벌기 위해 회사에서 무이자 대출까지 얻어 쓰기도 했다.

나는 오빠의 이런 노고에 늘 부채의식을 갖고 있었다. 그래서 어떻게든 장학금을 받고 아르바이트로 용돈을 벌어 쓰려고 지독하게 굴었다. 당연히 동아리 활동이나 미팅 같은 여대생들의 흔한 사치 한번 못 해봤다. 물론 오빠에 비하면 넘치게 감사할 일이지만 그래도 갑갑한 것은 어쩔 수 없었다.

그런데 정말 오빠는 생전 투덜대는 일이 없다. 모아놓은 돈도 없다며 새언니 집에서 결혼을 반대했을 때조차 오빠는 그 흔한 술주정 한번 안 부렸다.

내 눈에는 그런 오빠가 정말 이상한 사람이거나 완벽하게 가식적인 사람이거나, 아니면 속이 시커멓게 타들어가면서도 다른 이에게 자신의 신세 한탄을 늘어놓지는 않는 자의식 강한 사람으로 보였다. 자신이 감당해야 하는 어려운 현실에 늘 의연한 것이, 작은 자극에도 심하게 자존심을 다치는 나로서는 절대 이해할 수 없는 것이었다. 오빠를 보면 나는 너무나 철이 없고 손톱 밑에 낀 작은 가시도 못 견디겠다며 난리법석을 떠는 나약한 인간 그 자체인 것 같은 기분이 드는 것이다. 오빠의 희생에도 나는 점점 꼬여가기만 했다.

나에게 있어 오빠는 거울 같은 존재였다. 내가 가장 보기 싫어하는 비뚤어진 내 모습이 비치는 마법의 거울. 그 거울을 마주하고 있으면 때로 내 스스로 연민에 사로잡혀 슬픔이 복받치기도 하고, 마주하기 싫은 나의 미운 속 모습에 화들짝 놀라 달아나고 싶기도 했다. 그래서 이유 없이 그 거울을 향해 괜한 트집을 잡아 화를 냈던 것이다.

아마 오빠도 자신을 향한 나의 꼬여 있는 심정을 눈치 채고 있었을 것이다. 내가 대학 입학을 앞두고 있을 때 술을 사주면서 이렇게 이야기를 한 적이 있다.

"미연아, 착한 내 동생, 나는 네가 얼마나 착하고 얼마나 마음이 여린지 잘 알아. 자식, 자존심도 강하고 늘 톡 쏘는 것 같지만 얼마나 속이 여린지……. 널 보고 있으면 이 오빠는 너무 아슬아슬해서 마음을 졸이게 돼. 근데 말이야. 나는 널 너무 사랑하는 네 오빠이니까, 널 그렇게 조심조심 다치지 않게 대할 수 있지만 세상은 그렇게 너그럽고 따뜻하지만은 않아. 세상은 험하니까 각오 단단히 하라는 상투적인 이야기는 하지 않을게. 세상이 꼭 험하기만 하다고 생각하지만은 않으니까. 그렇지만 세상을 마주한다는 것이 참 어려운 것만은 사실이야. 네가 상처 받지 않았으면 좋겠는데, 네가 상처를 딛고 평화로워지려면 얼마나 많은 고통을 스스로 이겨내야 할지, 오빠는 그 생각만 하면 네가 한없이 안쓰럽다."

적당히 취기가 오른 오빠는 연민의 눈빛으로 어렵게 이야기를 이어갔다.

"김미연, 내 동생. 세상은 정말 네 마음에 담겨 있는 거야. 세상의 험한 문제들을 풀려고 하기 전에, 사실은 여리고 복잡한 네 마음이 풀려야 하는 거야. 네가 내 이야기를 오해하지 않고 받아준다면 좋겠는데……"

처음으로 소주를 많이 마셔본 날이었다. 술이란 것이 참 이상해서 한잔 두잔 마시다보면 마음 한가운데 시퍼렇게 날 서 있던 긴장감이 풀어진다. 나는 그날 비뚤어진 내 모습이 비치는 마법의 거울 앞에 서 있어도 전혀 화가 나지 않았다. 내가 가난한 집에서 태어나 맘껏 뽐내며 살지 못하는 불쌍한 아이라는 사실을 자각하기 시작한 아주 어렸을 때 이후, 나는 처음으로 그냥 맘껏, 아주 실컷 울 수 있었다.

그렇지만 술의 힘을 빌려 풀어낸 응어리는 마음 밑바닥까지 온통 꼬여 있는 나를 바꾸기에는 역부족이었다. 몇 년 동안 갈증에 고통 받다가 단 한 모금 시원한 물을 마셨다 해서 그간의 목마름이 다 해소될 수는 없었던 것이다. 오빠는 도움을 주고 싶었겠지만 문제를 푸는 것은 결국 내 몫이었다.

　오빠는 내가 대학을 졸업한 후부터는 내 문제에 깊이 관여하지 않았다. 원래 긴 잔소리를 하거나 싫은 소리를 하는 사람은 아니었지만 대학 때까지만 해도 오빠가 한번 안 된다면 안 되는 것이었다. 휴학을 하려 했을 때도, 대학 진학을 포기하고 그냥 취직이나 할까 했을 때도 오빠는 무척 단호했다. 나는 내 인생인데 왜 간섭하냐며 내 고집대로 해보려고 가출에 술주정까지 갖가지 수단을 써 반항했었다. 그러나 평소에는 내게 강요하는 것이 거의 없던 오빠가 나의 생떼를 전혀 받아주지 않았다. 어릴 적에도 엄마에게 투정부리는 나를 야단치고 엄하게 호통을 친 것은 엄마가 아니라 오빠였다. 한없이 좋은 사람이지만 근본적으로는 내 고집이 당할 수 없을 만큼 자기만의 원칙에 무서운 면이 있는 사람이다.
　두 번째 집을 오빠 명의로 사게 된 것도 사실은 새언니가 몰래 오빠의 인감을 건네 줘서 가능했다. 오빠는 자기 명의로 된 집을 결혼 이후에도 갖지 않았다. 집을 살 만큼 여유자금이 없는데 빚을 내서 반드시 내 집을 소유해야 하는 것에 오빠는 '절대'

라고 할 만큼 부정적이었다. 처음 내가 결혼과 동시에 집부터 사겠다고 하면서 빚을 일부 부담하기 위해 보증을 부탁했을 때에도 며칠을 고민한 끝에 마지못해 해주었던 오빠다.

보증 서류에 도장을 찍어주며 오빠는 내가 오해할까 염려되었던지 고민을 털어놓았다.

"혹시 내가 너를 위해 보증을 서는 것이 두려워서 망설였다고 오해하지는 않았겠지? 근데 미연아. 오빠는 정말 이 일에 대해 많이 고민이 돼. 나는 네가 결혼과 동시에 겨우 집 때문에 마이너스로 시작하는 것이 너무 마음이 아파. 해줄 수만 있다면 오빠가 집 사는 데 보탬이 되어서 빚을 내지 않게 하는 것이 가장 좋겠지만 내가 가진 전부를 네게 줄 수만은 없는 것이니 그럴 수가 없네. 그리고 또 설사 다 줄 수 있다 해도 그렇게 하는 것이 네게 도움이 되는 것인지도 확신이 들지 않고. 오빠 맘 같아서는 네가 빚내지 않고 천천히 집을 장만해갔으면 좋겠는데……. 우리 고집쟁이가 말을 들을 리도 만무하고, 다 큰 동생 결혼해서 스스로 살겠다는 데 억지로 말릴 수도 없고, 그러면서도 혹시 나중에 내가 적극적으로 안 말리고 보증까지 서준 것이 네게 좋지 않은 결과로 돌아오면 어떡하나, 이런 생각들 때문에 머리가 좀 복잡했어. 암튼 오빠는 일단 너의 선택을 존중하기로 했으니까 네가 잘 살아주기만 했으면 좋겠다."

오빠의 그 말에 나는 정말 묘한 기분이 들었다. 비로소 어른으로 대접 받는 듯해 우쭐했다가, 더 이상 오빠가 나의 든든한 버팀목이 아니라는 서운함도 느껴졌다가, 반드시 대단한 결과를 보여줘야겠다는 욕심도 생겼다가, 혹시 내가 잘못된 선택을 한 건 아닌가 하는 무서운 책임감도 마음 한 구석에서 자꾸만 고개를 드는 것이었다.

그런 복잡한 긴장감이 결혼 2년 만에 당시 만들었던 4,000만원의 빚을 청산하게 했다. 결혼과 동시에 임신을 해서 살림하는 것만으로도 힘이 들었지만 오빠가 믿어준 나의 선택에 좋은 결과를 내야 한다는 강한 목표의식이 있어 해낼 수 있었다. 남편의 연봉 2,300만원 가지고는 도저히 빚을 빨리 청산하기 어려울 것 같아 출산 3일 전까지 직장을 다녔고, 첫 아이라 해주고 싶은 것이 정말 많았지만 빚을 없애야 한다는 의지로 출산 이후에도 생활비를 크게 늘리지 않고 긴장의 고삐를 꽉 틀어쥐고 살았다. 그렇게 악착같이 빚을 다 갚았을 때 가장 먼저 오빠에게 전화를 걸어 자랑을 했다. 그날 저녁 오빠네 가족이 삼겹살을 사들고 집으로 찾아왔다. 그날의 나는 그 어떤 순간보다 행복했고, 마법의 거울 속에는 나를 칭찬하는 내가 환하게 웃고 있었다.

빚도 다 갚은 데다 그 사이 집값이 50%나 올랐기 때문에 오빠보다 나의 판단이 더 맞았다는 우쭐함까지 거울 속 나를 빛나게 하고 있었다. 너무 들뜬 나머지 자신감을 넘어 오만함으로 가득찬 내 마음은 그 당시엔 거울에 비치지 않았다.

5년 후, 재테크를 위해 나는 오빠에게 당당하게 명의를 빌리자고 제안을 했다. 오빠는 보증 부탁 때와 마찬가지로 깊이 생각해보지 않고, 그 자리에서 단호하게 거절을 했다. 그리고 냉정하게 나의 계획에 문제 제기를 했다.

"미연이 너 설마 부동산으로 돈을 벌어보겠다고 하는 건 아니지? 지금 집을 갖고 있는데 도대체 또 집을 사겠다는 이유가 뭐지? 게다가 너희 부부가 모아놓은 돈으로 사는 것도 아니고 갖고 있는 돈 다 털고도 상당히 큰 빚을 져야 할 텐데, 지금 빚내서 부동산 투자를 할 계획인건 아니겠지? 심지어 오빠의 이름을 빌려서 되도 않는 절세인지 탈세인지 모를 일을 계획하는 건 아니지? 우리 동생이 그런 일을 벌일 리는 없어. 그렇지?"

아무 말도 나오지 않았다. 오빠 얼굴을 보니 '그게 뭐 어때서? 빚내서 부동산 투자한 것으로 돈 좀 벌겠다는데 왜?'라는 말이 차마 입 밖으로 나오질 않는 것이다.

그때 어렴풋이 알았다. 내가 뭔가 잘못 생각하고 있다는 것을. 그렇지만 그 생각이 거의 6개월간 재테크 책과 강연회, 재테크 소모임 활동을 통해 부동산에 대한 환상에 젖어 있던 내 사고를 송두리째 바꾸지는 못했다. 그저 찜찜한 기분만 갖게 했을 뿐, 그것도 잠시 오빠 앞에서만 스친 마음의 울림이었다.

다음날 나는 오빠가 없는 낮 시간에 새언니를 찾아가 무려 세 시간을 졸라 인감도장을 받아왔다. 세 번째 오피스텔 매입 때도 오빠에게는 절대 비밀이라며 이제 일흔을 바라보는 엄마에게서 도장을 빼앗듯이 받아왔다. 연로하신 엄마는 큰 한숨을 몰아쉬었지만 나는 엄마에게 나의 계획이 대단한 부자가 되는 비법이라며 확신을 갖고 안심시키려 애썼다.

그런데 이 모든 일들을 오빠가 모르지 않고 있었다는 것을 작년에야 비로소 알게 되었다. 솔직히 말하자면 새언니가 오빠 몰래 도장을 준 것이 아니라 내가 억지로 빼앗아 온 것이었는데 언니는 그날부터 일주일을 끙끙 앓다 오빠에게 사실을 털어놓았다고 한다. 그리고 엄마는 내가 다녀간 날 저녁에 퇴근하고 돌아온 오빠를 크게 야단치셨다고 한다. 동생이 무슨 짓을 벌이고 다니는지도 모르느냐, 동생에게 관심도 없느냐며 나이 마흔을 한참 넘긴 장성한 아들에게 큰소리를 치셨다는 것이다.

그러나 내 뒤에서 벌어진 이런 가족의 걱정은 전혀 모른 채 나는 그저 마냥 들떠 있을 뿐이었다. 하루하루 들려오는 집값 폭등 기사에, 연일 쏟아져 나오는 부동산 재테크 책들의 선동에, 자만으로 가득찬 헛된 꿈 속에 푹 빠져 있었던 것이다.

그러다 지난해에 비로소 사고가 제대로 터졌다. 오피스텔 잔금을 엄마 명의로 대출을 받아 막아 넣었는데, 월세가 나가지 않아 이자 내는 일이 정신없어진 것이다. 빚이 3억이나 되는데 어떻게 되겠지 하고 몇 개월을 안일하게 보낸 것도 일을 크게 키우는 데 한몫 제대로 했다. 나름대로 신경 써서 이자를 낸다고 했는데 그만 소액이 연체되었던 것이다. 연체통지서는 즉각 엄마를 모시고 있는 오빠 집으로 날아갔다.

이렇게 저렇게 꼬여 있는 문제 때문에 며칠을 두통에 시달리며 집에 누워 있는데 대낮에 오빠에게서 전화가 왔다.

"너 오늘 당장 우리집에 와라. 이 서방도 함께."

이 짧은 말과 함께 전화가 뚝 끊겼다. 나는 갑자기 소름이 돋았다. 뭔가 큰 문제가 터졌다는 것을 머리보다 마음이 먼저 알아챘다. 심장이 심하게 요동쳤고 갑자기 큰 공포심마저 들었다. 두려운 마음으로 올케 언니에게 전화를 걸어 그간의 이야기들을 들었다. 그 동안 내가 일을 내고 다닌 모든 것을 오빠가 알고 있었다는 것이다. 엄마와 올케 언니는 어떻게든 나를 말려보라는 이야기를 오빠에게 자주 했었단다. 그런데 도대체 무슨 생각에서인지 오빠는 내 이야기만 나오면 혼자 술만 마시고 아무 말도 하지 않더라는 것이다. 그러다 어제 저녁 연체통지서를 보는 순간 오빠는 한마디 말도 없이 밤새 폭음을 했단다. 올케 언니는 오빠가 그렇게 과음하는 것을 처음 보았다고 했다. 정말 할 수만 있다면 어딘가로 도망가고 싶었다. 그렇지만 그러기에는 문제가 만만한 것이 아니었다.

그날 저녁 나는 오빠라는 마법의 거울에 비친 심하게 일그러진 나를 봐야 했다. '이게 네가 만든 멋진 작품이야, 어때?' 하며 비웃는 내 모습에 나는 순간 이성을 잃었다.

아무 말 없이 머리를 떨어뜨리고 있는 오빠에게 내가 먼저 입을 떼 다짜고짜 화부터 내기 시작했다.

"다들 왜 그러는데? 뭐 그리 대단한 문제라고 이 야단들이냐고! 도대체 오빠하고 엄마는 언제까지 이렇게 답답하게 살 건데. 인생이 뭐 별거야? 모험이 없으면 얻는 것도 없는 법이야. 난 말이야, 엄마하고 오빠처럼 평생을 뻔하게 살고 싶지 않아. 도대체 겨우 몇 십만 원 연체 된 거 가지고 이 난리를 쳐야 되는 거야? 그깟 이자 몇 십만 원, 오피스텔 월세만 나가면 아무것도 아니라고. 일을 하다 보면 계획대로 안 될 때도 있는 거고. 그렇지만 곧 해결될 일인데 다들 왜 이렇게 호들갑이야?"

이렇게 되도 않는 소리를 떠들고 있는데 갑자기 눈앞이 번쩍했다. 오빠가 내 뺨을 때린 것이다. 나는 잠시 멍해졌다. 너무 순식간에 일어난 일에 누구하나 말도 못 꺼내고 그대로 정적이 이어졌다. 그저 모두 눈이 동그라진 채 어떻게 해야 할지 모르는 시간이 지나고 있었다. 가장 먼저 정신을 차린 사람은 남편이었다.

 "형님, 아니 왜 이러세요. 진정하세요. 이 사람이 최근 스트레스가 심해서 제정신이 아니에요. 참으세요. 여보, 당신 말이 왜 그래? 장모님, 정말 죄송합니다."

 횡설수설 어쩔 줄 모르는 말들을 늘어놓는 남편은 결코 내

편이 아니었다. 나는 맞은 뺨이 부어오르는 것도 모르고 지독한 외로움이 들었다. 코너에 몰려 있는 기분, 모두가 나를 향해 손가락질을 하는 기분 말이다. 그러자 갑자기 감정이 차분해졌다. 아무 감정 없는 목소리로 말을 던졌다.

"그래, 내가 미친 사람으로 보이겠지. 인생을 한방에 거는 천한 도박꾼처럼 보이겠지. 나 같은 게 동생이고 딸이고 부인인 게 창피하겠지. 그냥 난 없는 사람으로 생각해줘. 오빠, 엄마, 다시 보고 싶지 않다."

이 한마디를 던지고 그 자리에서 일어나 혼자 집으로 돌아왔다.

뒷일은 잘 기억나지 않는다. 새언니가 나를 만류했던 것 같기도 하고, 엄마가 눈물을 흘렸던 것 같기도 하다. 남편이 나를 쫓아 일어났다가 다시 앉은 것 같기도 하고 아니면 남일처럼 그저 가만히 있었던 것 같기도 하다.

그날 남편은 예진이를 데리고 뒤늦게 집에 왔다. 그러나 예진이만 들여보낸 뒤 남편은 다시 나가 혼자 술을 마시고 새벽녘이 되어서야 돌아왔다.

숙제

와, 우리 이거 적어 놓고 보면 자살충동 이는 거 아냐?
세상에 이렇게 많은 항목 들, 하나하나 적지 않은 돈을 쓰고 사는데…….

소방관이 기록한 상담 내용들을 읽고 있자니 조바심이 고개를 들기 시작했다. 빨리 문제를 풀어 처음의 단란했던 행복을 되찾고 싶어진 것이다. 그런 마음으로 다음 진행을 궁금해할 때 소방관이 멋쩍어하며 입을 열었다.

"그나저나 제가 여기 온 시각이 점심시간 조금 지나서였는데요. 사실 두 분은 어떠셨는지 모르지만 저는 식사를 못하고 왔습니다. 오늘 하루 상담하고 끝날 일이 아니니 오늘은 이만 두 분께 식사를 대접 받고 몇 가지 숙제를 내드리는 것으로 상담을 마쳐야 하지 않을까 하는데……. 어떠세요?"

소방관이 유쾌한 목소리로 먹는 이야기를 하자 남편도 배가 고팠었는지 아주 반가운 표정을 짓는다. 다음 진행으로 빨리 넘어가지 못하는 것이 조금 서운했지만 사실 그가 집에 와서 함께 이야기를 나눈 지도 벌써 두 시간이 넘어가고 있었다. 그의 말대로 모든 문제를 오늘 안에 다 풀 수 없는 것이 사실이고, 시간을 두고 이것저것 깊이 생각해볼 필요도 있겠다 싶어 아쉬운 마음을 접기로 했다.

  "점심 안 하셨어요? 아이고 이런, 큰 실수할 뻔했네요. 저희 집 불씨를 꺼줄 분께 이런 결례를 하면 안 되지요. 게다가 사실 저도 오늘 하루 종일 아무것도 안 먹은 상태입니다. 슬슬 인내심에 바닥이 나려고 하던 참인데 잘 됐네요. 당신도 종일 굶은 것 같은데, 정말 이 분 말씀대로 우리 뭐 좀 먹고 하자. 그나저나 지금 이것저것 차리고 하려면 시간도 걸리고 번거로울 테니까 나가서 하시면 어떨까요?"

  남편의 외식 제안에 마음이 놓였다. 내놓을 반찬도 별로 없는데 명색이 손님에게 있는 거 대충 먹자고 할 수도 없고 그렇다고 새로 만들자니 너무 진이 빠져 아무것도 하고 싶지 않았던 것이다.

  그런데 소방관은 남편의 이런 제안을 거절했다.

  "아닙니다. 저로 인해 계획 없던 일에 지갑을 열게 해서는 안 되죠. 오늘 제가 두 분께 식사 대접을 받는 일은 두 분께는 미리 계획된 일이 아니었으니까요. 저는 솔직히 그냥 있는 반찬에 고추장과 참기름 넣어 비빔밥을 해 먹으면 어떨까 하는데요. 마침 주말인데 남은 반찬 처리도 하셔야 하잖아요. 그러는 편이 아마 나가서 외식하는 것보다 덜 번거로울 것 같은데요. 뭘 먹을까 고민할 필요도 없고 먹는 장소로 이동할 필요도 없고 기다릴 필요도 없고 그저 조금만 함께 수고하면 즐거운 식사가 될 것 같습니다."

그 말을 듣고 보니 그도 그렇다. 외식하려면 옷도 갈아입어야 하고 최소한 얼굴에 로션이라도 찍어 발라야 한다. 아파트 상가 근처에 가면 먹을 곳은 많지만 딱 맞는 메뉴를 고르는 것이 늘 번거로운 일이기도 했다. 외식을 자주 하다보니 웬만한 집은 너무 자주 가서 질려버린 탓에 최근에는 멀리 있는 음식점까지 차를 타고 찾아다니기도 했는데 알고 보면 그것도 꽤나 귀찮은 일인 것은 분명하다.

하지만 아무리 그렇다한들 손님에게 남은 반찬을 털어 비빔밥을 내는 것은 민망한 일이다.

"아니 그래도 손님인데 그렇게 식사 대접을 해도 되겠습니까? 그러지 마시고 제가 맛있는 감자탕 집으로 안내할 테니 그리로 가시죠. 식사도 하고 간단하게 술도 한잔 하시는 것이……."

평상시 같으면 남편의 술 이야기에 짜증이 났을 테지만 오늘은 왠지 나도 술 한잔 하고 싶어졌다. 그러나 소방관은 다시 한 번 정중하게 거절하며 말했다.

"저도 그러고 싶습니다만, 오늘은 간단히 식사하고 돌아가야 할 것 같습니다. 우리 예쁜 아가들이 기다리고 있으니까요. 술은 나중에, 불씨를 다 제거하고 나서 정말 시원한 기분으로 마시고 싶은데요."

그의 이야기는 더 이상 다른 제안을 하기 어렵게 만들었다. 나는 별수 없이 부엌으로 가기 위해 자리에서 일어났다. 그런데 그도 따라서 일어나는 것이 아닌가. 그리고 남편을 잡아끌며 내가 말릴 새도 없이 부엌으로 들어갔다.

"이민수 씨, 우리도 함께하죠. 즐겁게 식사하려면 준비도 함께 해야죠."

그렇게 해서 우리는 정말 즐겁게 수다를 떨며 함께 준비를 하고 비빔밥을 먹었다. 소방관은 자기 아내의 음식 솜씨를 흉 봤고 나는 남편이 평소 절대 부엌일을 돕지 않는다고 투덜댔다. 그리고 남편은 나름대로 자신의 마초 근성을 합리화했다. 요즘 같아서는 간 큰 남편일지 모르나 자신만큼은 끝까지 남성의 자존심을 지키겠다는 것이다. 그 자존심 유지의 첫 번째가 부엌일을 거부하는 것이라며 말도 안 되는 너스레를 떨며 말이다.

우리는 심각하지 않았다. 그냥 편하고 자유롭게 어떤 주의나 주장, 고집이나 복잡한 생각 없이 가볍게 담소를 나누며 식사 시간을 즐겼고 심지어 설거지도 함께 했다. 소방관이 거품을 내 그릇을 닦고 남편이 그것을 받아 헹구었으며 나는 제자리에 정리하는 일을 맡았다. 그렇게 함께 웃고 떠들면서 설거지를 하니 시간도 금방 가고 평소 지겹기만 했던 집안일이 재밌게 여겨지는 것이다. 참 오랜만의 가벼움이다. 실로 오랜만에 유쾌해졌고 아무 생각 없이 실컷 웃었다. 큰 소리로 웃는 남편 모습도 오랜만에 봤다.

유쾌한 식사 시간이 끝나고 우리는 다시 거실로 나왔다. 소방관이 가방에서 다시 서류 몇 장을 꺼내었다.

"생각해보면 행복해지는 방법, 대단히 간단하죠? 하기 싫어하는 일들을 그저 재밌게 하면 되는 겁니다. 두 분이 함께, 아니면 예진이까지 셋이 같이 즐겁게 수다 떨고 장난치고 하다보면 어떤 일도 어려울 게 없는 거죠. 그런데 우린 곧잘 심각합니다. 너무 무거워지죠. 어렵게 일을 풀다보니 계속해서 자꾸만 마음이 무거워집니다. 외식을 하지 않아도 이렇게 함께 즐겁게 식사할 수 있는데 우리는 문제를 점점 어렵게 하지요. 부인들은 '일주일 내내 힘들었는데 또 부엌에서 시달려야 해?' 하고 생각하고, 남편들은 남편들대로 부인의 잔소리 듣기는 싫고 그렇다고 대신 해줄 수도 없다고 생각하는 거죠. 그래서 찾은 제일 쉬운 방법이 외식인데, 이건 알고보면 집에서 즐겁게 먹는 쉬운 방법을 두고 어렵게 문제를 풀려 하는 것입니다. 외식이 상당히 번거로운 일이란 걸, 가사 일을 함께 즐거운 마음으로 하는 것보다 더 많은 에너지와 시간, 비용이 드는 것이란 걸 잊고 있죠. 오늘 두 분은 저 때문에 에너지, 시간, 비용을 절약했을 뿐 아니라 즐거움과 유쾌함까지 얻으셨으니 저에게 많이 고마워하셔야 합니다. 하하하."

가볍게 던지듯 한 그의 이야기는 굉장히 중요한 걸 지적하고 있었다. 맞다. 우리는 쓸데없는 오기와 피해의식으로 많은 에너지와 시간, 돈을 낭비하고 산다. 남편이 쉬는 날 나는 집안일에서 벗어나는 꿈을 꾼다. '당신은 이제부터 쉬어. 집안일, 그동안 힘들었지? 내가 더 힘도 세고 당신 덕에 맘 놓고 사회생활 하니까 주말만큼은 내가 당신을 위해 봉사할게!' 라는 멋진 멘트와 함께 앞치마 두르고 휘파람 부는 남편을 상상하고 기대하는 것이다. 흔히 드라마에서 나오는 남편들은 전부 그렇지 않은가? 얼굴도 잘 생기고 몸매도 환상적인 남자가 아내를 위해 헌신한다. 능력도 탁월한 그는 돈도 잘 벌 뿐 아니라 애처가에 로맨티

스트이기까지 하다. 흔히 그런 남자 주인공이 나오는 드라마가 주부들에게 인기 있는 것은 여성들이 드라마를 통해 대리만족을 느끼기 때문이라고 한다. 그러나 대리만족은 잠깐일 뿐 드라마가 끝나면 현실은 드라마를 보기 전보다 더 어처구니없이 여겨진다. 차라리 세상에 그런 끝내주는 남자가 있다는 환상에 빠져본 적이 없다면 덜 비참하겠지만 이미 간접 경험에 푹 빠진 아줌마들은 대리만족으로 인해 현실에 대해 더 비관적이 되고 마는 것이다.

나는 아줌마들과 수다를 떨 때 이렇게 현실과 드라마의 괴리감에서 오는 절망을 경험하지 말라고 힘주어 말한다. 특히 순정만화 속 주인공의 얼굴과는 전혀 거리가 먼 남편의 평범한 얼굴, 술과 담배에 찌들어 넓어진 모공에 까맣게 때까지 낀, 그 평범하다 못해 징그럽기까지 한 얼굴은 드라마 시청 후에는 가급적 정면으로 보지 않는 편이 낫다는 이야기와 함께. 탄탄한 근육질 몸매는커녕 불뚝 튀어 나온 배, 그 보잘것없는 남편이란 인간이 로맨티스트, 애처가 그 어느 하나 흉내조차 내는 일 없는 현실의 처절함을 배가시키는 것을 경계하라고 말이다. 주부들은 그런 현실에 억울함을 갖는다. 완벽하지는 못하더라도 어떤 식으로든 보상받아야 한다고 여기는 것이다. 그런 심리 때문에 주말이면 더 쉽게 외식에 에너지와 시간, 비용을 낭비하는지도 모르겠다. 행복하기 위해 사는 것이 아니라 불행을 보상받기 위해 사는 것처럼 말이다. 보상받기 위해 사람들은 아니 나는, 매우 엄청난 것들을 허비하며 살고 있다. 게다가 그렇게 허비한 것들을 다시 보상받기 위해 나는 내 인생과 내 가족을 걸고 모험까지 하고 있지 않은가?

갑자기 웃음이 나왔다. 소방관의 말대로 대단히 쉬운 방법을 두고 우리는 왜 이렇게 어렵게 사는 것인지……. 알고보면 엉뚱한 피해의식, 상대에 대한 비현실적인 환상, 환상과 현실의 괴리에서 오는 실망감, 스스로는 돌아보지 않고 상대에 대한 환상에만 실망하는 극도의 자기애가 유치한 결과를 만드는 것 같다.

그러나 이런 모든 비극에 남편들이 그저 피해자이기만 한 것은 아니다. 대부분의 많은 주부들은 남편의 사소한 정성에 감동한다. 그 작은 정성에 그간의 모든 환상과 지나친 기대심을 접고 현실에 감사하는 것이다. 그러나 이렇게 작은 것에 감동받고 감사할 일이 그리 자주 일어나지 않는다는 것이 문제다. 소방관의 말처럼 조금씩 서로 가벼워진다면 이 세상을 그렇게까지 어렵게 살지 않아도 되는 것은 아닐까. 마음에 희망이 돋는다. 문제를 해결하기 위해 힘난한 가시밭길을 가지 않아도 된다는 생각에 안도감이 드는 것이다. 그렇게 마음이 놓이려고 하는 순간 소방관이 '우리집 경제 성적표'라고 쓰여 있는 서류를 꺼냈다.

서류를 보자 어느새 안도감이 불안감으로 바뀐다. 시험을 잘 봐서 성적에 큰 기대를 하고 있는 친구들은 성적표 받는 날을 고대하겠지만, 나 같이 열심히 준비한 시험을 망쳤다고 여기는 사람이라면 성적표 받는 날이 영영 오지 않았으면 하고 바라는 것이 당연하리라.

소방관은 서류들을 보여주며 차근차근 설명을 한다.

"여기에 지금까지 형성된 복잡한 경제 상황을 다 기록하는 것입니다. 우선 대차대조표가 있죠. 자산과 부채를 일일이 기록해보세요. 특히 부채의 경우 종류를 정확하게 해주시고 더불어 담보 대출일 경우 어떤 자산을 담보로 했는지 기록하면 좋겠습니다. 그리고 다음 장을 넘기면 이 가정의 지출 사항들을 적는 곳이 있습니다. 보면 아시겠지만 그냥 대충 간단히 어림잡아 적는 것이 아닙니다. 항목 하나하나를 잘 떠올리면서 십원 단위까지 정확하지는 않더라도 가급적 실제 쓰는 돈의 크기를 적으셔야 합니다."

자산 부채 현황을 적는 것은 그렇게 큰 문제가 되지 않을 것 같다. 부채가 많기는 하지만 기본적으로 부동산 자산의 가치가 상당히 높기 때문에 자산에서 부채를 빼고 나면 순자산이 많다. 때때로 그걸 확인할 때마다 어찌나 뿌듯한지 나는 이런 기록은 일부러라도 자주 하는 편이기 때문이다.

그런데 문제는 지출 기록이다. 펑펑 낭비하고 산 것은 아니지만 그렇다고 일일이 기록하며 꼼꼼히 관리해서 돈을 쓰고 사는 편은 아니다. 특히 재테크를 하면서는 돈이 불어난다는 생각에 지출에는 무관심으로 일관한 것이 사실이다. 물론 이러면 안 된다는 것쯤은 알고 있다. 모든 재테크 서적에서도 기본적으로 돈을 잘 지켜야 한다느니 진정한 부자는 돈을 함부로 쓰지 않는다느니 하는 이야기들을 예의상 한 단원 정도에 할애를 하고 있기 때문에 그리 낯선 이야기는 아니다. 그러나 재테크 서적이나 강연에서도 그 이야기들에 그리 많은 정성을 쏟지는 않는다. 왜냐하면 그것은 사람들이 간절히 원하는 이야기가 아니기 때문이다. 재테크 책이나 강연을 찾는 사람들의 상당수는 돈으로부터 편안해지기를 원한다. 그런 사람들에게 돈을 아껴 써야 하고 절약해야 하고 늘 지출을 일일이 기록하고 평가해야 한다는 이야기를 많이 할 리가 없다. 책이나 강연 모두 장사이기 때문에 장사가 잘 되기 위해서는 욕망을 효과적으로 자극해야 한다. 절약이나 지출 기록 같은 이야기들은 욕망을 통제하는 이야기가 될 수 있기 때문에 언급에는 상당한 위험이 따른다. 그러니 그러한 내용은 가급적 비껴가는 주제일 수밖에 없다. 심지어 앞에서 예의상 잘 쓰란 이야기를 했다 하더라도 뒤에 가서는 환상적인 수익을 실현해 자유롭게 맘껏 돈 쓰고 사는 자신을 상상하게 하는 이야기들을 쏟아낸다. 10억이 어쩌고, 100억이 어쩌고, 결국 책을 덮고 강연장을 나가 어떤 심정이 들지에 관계없이 그 책과 강연장 안에서만큼은 아주 달콤한 환상에 젖게 만드는 것이 재테크 책과 강연들의 임무인지도 모른다.

나도 재테크에 손을 대기 전에는 알뜰한 주부 그 자체였다. 엄마와 오빠에게서 교육받은 생활 습관으로 인해 아주 작은 것도 절약하지 않으면 불안하기까지 했다. 관리비를 일일이 체크해 두는 것은 물론이거니와 애초 기준으로 삼은 관리비를 초과하지 않도록 절약을 외치며 가족들에게 수시로 잔소리를 하는 짠순이 주부였다. 감자 하나, 양파 하나라도 더 싼 곳을 골라 장을 보고 한 개라도 더 공짜로 얻기 위해 일상의 협상에 익숙한 주부 말이다.

그런데 언제부터인가 나는 변했다. 그런 절약 생활 습관이 구질구질하게 여겨졌고 당연히 예산이나 지출 기록 같은 것은 가난한 사람들의 전유물로 생각되었다. 부자가 되기도 전에 부자를 실현하며 살기 시작했다. 그것도 진짜 부자가 아니라 내 머릿속에 들어있는 막연히 돈 많이 쓰는 부자 말이다.

소방관이 내민 지출 기록 숙제를 보니 순간 아득해지며 과거의 짠순이 주부였던 시절에 대한 아련한 향수가 밀려왔다. 갑자기 제대로 따져 적어보고 싶은 의욕이 마구 밀려왔다.

그런데 남편이 찬물을 끼얹었다.

"와, 우리 이거 적어 놓고 보면 자살충동 이는 거 아냐? 세상에 이렇게 많은 항목들, 하나하나 적지 않은 돈을 쓰고 사는데……. 다 적어 보면 한 달 생활비 장난 아닐 것 같은데, 여보, 이거 적기는 하되 충격 받지 않도록 우리 마음 단단히 먹자. 청심환이라도 하나씩 먹고 적어야 하지 않을까 싶네."

지극히 맞는 말이다. 다 기록하고 나면 자기혐오에 빠질지도 모른다는 생각이 번쩍 스쳤다.

"하하, 너무 겁먹지는 마십시오. 반드시 기억하실 것이, 아까 뭐라고 말씀 드렸죠? 처음의 마음입니다. 물론 지금 당장은 처음에서 많이 벗어나 있는 것이 사실이겠지만 다시 처음으로 돌아가기로 한 거잖아요. 아주 중죄를 졌거나 나쁜 마음을 먹었던 것이 아니니까요. 문제는 개선하면 됩니다. 서로 상처주지 않고 상처받지 않으면서 냉철하게 기록하는 것이 대단히 중요합니다. 그럼에도 기록하다 마음이 영 불편하다면 중단하십시오. 제가 다시 방문했을 때 그때 같이 찬찬히 기록하는 것으로 하겠습니다. 저는 두 분의 소방관입니다. 불씨를 키우지 마시고 불씨를 발견한 즉시 제게 맡기십시오."

소방관의 말을 듣고 나서야 마음이 놓였다. 그는 진짜 유능하다. 처음에 그를 의심했던 순간이 미안해졌다.

그때 소방관이 가방을 열어 다시 무언가를 꺼냈다. 그것은 낡은 노트 몇 권이었다.

"김미연 씨, 김정수 씨와 화해하고 싶으시죠? 제가 보기에는 많이 미안해하고 계신 것 같은데, 아직 문제가 하나도 정리된 것이 없어 사과할 기회를 못 가진 건 아닌가요? 정수 씨도 김미연 씨와 같은 심정일겁니다. 제게 이 댁의 방문을 부탁하면서 이 노트를 전해 줬으면 하더라고요."

노트를 받아 들었다. 세 권이었는데 첫 번째 노트는 아주 오래된 것으로 보였다. 표지에 '일기 가계부'란 말이 적혀 있었다.

"일기 가계부라……. 형님도 참, 별거 다하고 사시네. 암튼 당신 오빠는 인물이야. 그러니까 여기에다 일기도 쓰고 가계부도 썼다는 거잖아. 게다가 이건 아주 오래된 것 같은데, 언제부터 이런 걸 쓰신 거지?"

남편은 마냥 신기한 표정이다.

"제가 알기로 정수 씨는 고등학교 때부터 그 노트를 기록해 왔다고 합니다. 지금까지 쌓인 노트가 꽤 많은 것 같은데 그 중 세 권을 가지고 왔습니다. 한 권은 정수씨가 처음 그 노트를 쓰기 시작했을 때의 것이고 하나는 결혼 전, 그리고 나머지 하나는 작년에 있었던 일들이 기록된 것이라고 하더군요."

갑자기 마음이 울컥했다. 오빠는 그 긴 시간동안 이런 노트를 적어오면서 살아온 것이다. 어떤 어려움에도 여유를 잃지 않던 오빠가 사실 얼마나 괴로웠으면 이렇게 숱한 노트에 한 장 한 장 자신을 다스리는 글을 써왔을 것인가, 생각하니 오빠가 한없이 안쓰러워졌다. 오빠의 일기 가계부를 받아드니 갑자기 많은 기억들이 필름처럼 스쳐 지나간다.

"정수 씨는 이 노트를 두 분이 함께 봐주면 좋겠다고 하더군요. 부끄럽지만 혹시 자신으로 인해 받은 상처가 치유되는 데 도움이 되지 않겠느냐 하시면서요. 김미연 씨, 제가 보기엔 오빠분이 그간 많이 힘들어 하셨습니다. 무척 마음 아파하셨고 자신이 김미연 씨 인생에 도움이 되지 못하는 것 같다며 자책도 많이 하시는 것 같았습니다. 술도 잘 못하는 양반이 절 붙들고 폭음도 하고 심지어 20년간 끊었다는 담배를 피워 물기도 했으니까요."

오빠가 담배를 피웠다고? 순간 나는 내 귀를 의심했다. 내가 아는 오빠는 담배를 한번도 피워본 적이 없는 사람이다. 그런데 20년간 담배를 끊었다는 게 도대체 무슨 이야긴지 너무 당황스러웠다.

"오빠가 담배를 피우고, 아니 20년간 담배를 끊었었다니……. 무슨 말씀이시죠? 오빠가 담배를 피운 적이 있었나요?"

"모르셨나보네요. 김정수 씨는 고등학교 때부터 담배를 많이 피우셨다고 하던데요. 그러다 어머님이 눈물을 흘리며 말리셔서 끊었다고 하던데, 김미연 씨가 그간 오빠에게 정말 무심하셨네요."

나는 너무 부끄러워졌다. 도대체 내가 오빠에 대해 알고 있는 것이 무엇인가?

"형님이 담배 피우신 적이 있다는 것은 저도 오늘 처음 알았네요. 하긴 형님이 정말 고생이 많으셨죠. 어린 나이부터 가장 노릇을 해야 했으니……."

나는 쏟아져 나오려는 눈물을 안간힘을 다해 참고 있었다.

"오늘은 여기까지만 하고 돌아가겠습니다. 김미연 씨, 너무 자책하지 않으셔야 합니다. 오빠도 그런 걸 원하는 것이 아닙니다. 두 분을 충분히 위로해줘야 한다고 강조하고 또 강조하셨어요. 불씨는 따지고 보면 마음의 상처에서 비롯되는 것이니까요. 다시 행복해지기 위한 시간을 만드는 데 도움을 드리는 것이 제일입니다. 아셨죠? 절대 자책하거나 자신을 미워하지 마세요. 숙제 꼭 하시구요. 처음의 마음으로 희망을 가지고 담담하고 냉철하게 숙제 하셔야 합니다. 아셨죠?"

소방관은 진심으로 나를 위로하며 동시에 우리에게 주어진 과제를 상기시키는 것을 끝으로 돌아갔다.

오빠의 일기 가계부

일기에 나와 있는 것은 절대로 진실이 아니다. 오빠는 전혀 잘못이 없다.
가난한 마음을 갖고 자란 것은 순전히 내 욕심 때문이었는데,
왜 오빠가 자책을 하고 자기 혐오를 해야 하는가?

    오빠는 자신의 노트를 남편과 함께 읽으라고 했다고 한다. 그 말 때문이었을까. 노트에 적힌 내용을 몹시 궁금해하던 남편은 자꾸 내 눈치를 살피며 오빠 이야기를 꺼냈고 어서 빨리 노트를 열어 보기를 기다렸다.

    하지만 나는 그럴 자신이 없었다. 그래서 간신히 터져 나오는 울음을 참으며 내내 화제를 다른 쪽으로 돌렸다. 괜히 TV 드라마 이야기를 했고 평소에는 귀찮아서 잘 하지 않던 차를 끓이고 과일을 잔뜩 깎아 남편과 예진이 앞에 내놓았다. 이런 내 행동에 남편도 이내 내 속을 눈치 채고 더 이상 노트 이야기를 꺼

내지 않았다. 그러다 피곤했는지 채 아홉 시도 되지 않아 일찍 잠자리에 들었다. 아니 어쩌면 사실은 나를 위해 일부러 일찍 잠들어 주었을 거다. 평소보다 일찍 자도록 예진이를 채근하며 직접 데리고 들어가 책을 읽어주다가 예진이 방에서 함께 잠이 들어 버린 걸 보면 말이다.

남편과 예진이가 잠들고 집안에 고요가 번질 즈음 맥주를 꺼내 마셨다. 오빠의 노트를 읽기 위해 마음의 준비를 단단히 해야 했기 때문이다. 저녁도 대충 먹은 터에 빈속에 퍼지는 맥주 기운이 나에게 왠지 모를 용기를 주었다.

먼저 가장 오래된 노트를 펼쳐 보았다. 언제나 의연한 오빠를 이해하지 못했던 내가 얼마나 편협했었던 건지 확인하고 싶었기 때문이다.

시간은 내가 아홉 살, 오빠가 열일곱 살이던 때로 거슬러 올라간다. 그때부터 겨우 고등학생의 몸으로 한 집의 가장 노릇을 해야 했던 오빠의 일기가 시작된다.

오늘부터 동네 갈비집에서 저녁 시간 아르바이트를 하기로 했다. 시간당 1,200원을 준단다. 수업이 끝나고 곧장 갈비 집으로 가면 적어도 5시간은 일할 수 있다. 하루에 6,000원을 버는 것이다. 토요일과 일요일은 좀 더 길게 일할 수 있으니까 대략 20만원이 넘는 돈을 벌 수 있다. 주인아저씨는 마음이 좋은 분 같다. 열심히 일하면 학생이니까 좀 더 챙겨 주겠다고 하신다. 많지는 않지만 적어도 미연이 용돈 주고 학원비를 대줄 수는 있겠다.

　나는 내가 이렇게 사는 것이 하나도 서럽지 않다. 나는 미연이 오빠이자 아빠이다. 나는 남자이고 미연이는 여자이다. 나는 뒤늦게라도 나 자신에게 투자할 수 있다. 그렇게 생각하자.

　하지만 사실, 이런 나의 현실이 너무 무겁다. 힘들어도 힘들어 할 수 없다는 것이 더욱 나를 짓누른다. 아니다. 이런 생각 자체를 하지 말자. 생각하기 나름이라고 하지 않나.

　엄마에 비하면 나의 이런 투덜거림은 사치다. 제발 마음을 다져 먹자. 나는 힘들지 않다. 나는 할 수 있다. 그리고 이건 절대 희생이 아니다. 이것 또한 내게 투자이다. 분명히 그럴 것이다. 그런데……. 그런데 자꾸만 슬퍼진다.

어떻게 겨우 고등학생이 이런 글을 쓸 수 있었던 것일까? 어떻게 오빠는 그 어린 나이부터 자신의 슬픔을 가슴 깊숙이 숨기며 살 수 있었을까? 나에 대한 책임감과 엄마에 대한 안쓰러움으로 자신의 슬픔 따위는 입 밖에 나오지 못하게 자물쇠를 잠그려고 안간힘을 쓰고 산 것이다. 이런 오빠인데, 나는 오빠를 어떻게 생각하며 살았나.

가식적이라는 둥 이상한 사람이라는 둥 상대적으로 이기적이고 못된 나와는 차원이 다른 오빠를 존경하고 닮으려 애쓰기보다 폄하하기 바빴다. 그저 힘들지 않아서, 착한 척하느라 아무렇지 않은 척한 것이 아니었는데, 오빠도 나만큼이나 아프고 상처받았던 것인데, 내가 느낀 상실감을 오빠라고 갖지 않았던 것이 아닌데……. 나는 오로지 나만 생각하면서 살아온 것이다.

마음이 미어지다 못해 날카로운 송곳에 찔린 듯 가슴에 통증이 느껴졌다. 눈물이 흐르지만 소리조차 낼 수 없었다.

흘러내리는 눈물을 닦을 겨를도 없이 나는 신들린 사람처럼 오빠의 노트를 읽어 나갔다. 물론 오빠의 노트가 처음부터 끝까지 그렇게 처절하도록 슬픈 내용으로만 채워져 있는 것은 아니다. 처음으로 아르바이트를 해서 월급을 받았을 때 얼마나 기뻤는지에 대한 기록과, 그 돈으로 내 신발을 사주고 뿌듯했다는 이야기도 있다.

나도 그 기억은 또렷하다. 초등학생 시절 브랜드 신발이 크게 유행한 적이 있었다. 그 당시 물가로 나이키 신발 하나가 만원이 조금 넘었을까. 친구들은 모두 브랜드 신발을 신는데 나만 창피하게 촌스런 시장 운동화라며 엄마에게 떼를 썼었다. 엄마는 오빠에게는 엄하면서도 내게는 언제나 마음이 약하셨다. 뒤늦게 낳은 늦둥이라 예쁘게 키우고 싶으셨지만 내가 태어나자마자 아빠가 사고로 돌아가셨기 때문에 아기 때부터 아무것도 해주지 못하고 가난하게 키우는 것이 너무 미안하셨단다. 아들만 키우다가 딸 하나 낳아 정말 곱게 키우고 싶었는데 그럴 수 없는 형편이 너무 마음 아프다고 자주 말씀하셨던 엄마.

그나마 오빠 어릴 적에는 아빠가 살아계실 때여서 첫 아이라고 이것저것 많이 해주셨다고 한다. 그래서였을 거다. 오빠에게까지 나에 대한 연민을 갖게 한 이유가. 당연히 받아야 할 것을 받은 것뿐일 텐데 상대적으로 아무것도 받지 못한 동생에게 늘 미안함을 갖고 살게 하신 것이다. 오빠가 아르바이트를 시작한 것도 바로 나에 대한 미안함, 뭔가 갚아야 한다는 부채의식 때문이었을 거다. 월급을 타고 제일 먼저 한 일이 내게 나이키 신발을 사주는 것이었으니 말이다. 어린 나는 오빠가 그 돈을 어떻게 벌었을지는 생각도 안 하고 무조건 신나했다. 세상에, 그 돈이 한창 미래를 위해 공부해야 할 시간에 갈비집에서 죽도록 일해서 번 돈이란 것도 모르고…….

　오빠는 그 갈비집에서 고등학교를 졸업할 때까지 일을 했단다. 정말 나는 그런 사실을 알지 못했다. 가끔 왜 오빠 몸에서는 만날 갈비 냄새가 나냐며, 샤워 좀 자주 하라는 철없는 소리나 해댔을 뿐이다. 오빠의 일기를 읽어나가면서 나는 철없던 과거에 대한 자책감에 어딘가 아무도 못 찾을 곳으로 숨어버리고 싶었다.

　중반 즈음부터는 일기와 함께 하루하루 지출한 목록과 저축 목표에 대한 기록들이 시작된다.

> 　오늘부터는 그저 끄적거리는 일기만 쓸 게 아니라 가계부도 써야겠다. 어머니의 가계부처럼 말이다. 아르바이트로 돈을 조금 벌고 나니 자꾸 쓰고 싶어진다. 쓰고 싶은 것을 참는 것도 어렵고 참지 못해 쓰고 나면 후회가 돼서 안 되겠다. 미리 꼭 써야 할 곳을 따져 보고 지출 내용을 기록해두어야겠다. 어머니처럼 가계부에 적힌 것을 제외하고는 과감히 강제 저축을 하자.
> 　어머니는 그렇게 돈을 모아 순전히 나만을 위해 쓰라고 말씀하신다. 이제 어머니의 수입이 조금씩 늘어나고 있으니 미연이 앞으로 필요한 저축은 하실 수 있다고 하신다. 그렇지만 나는 어차

피 몇 년은 가족들을 위해 살기로 마음을 먹었다. 어머니 혼자 버신 돈으로 미연이 대학 등록금까지는 턱도 없을 게 뻔하다. 그러면 미연이 대학은 포기시켜야 하는데 그러고 싶지 않다. 내가 몇 년 늦게 가는 것으로 하고 계속 돈을 벌면서 미연이만큼은 편하게 공부하게 해주고 싶다. 이렇게 사는 것이 나쁜 것만은 아닌 것 같다. 갈비집 사장님도 어려서부터 고생을 많이 하셨단다. 그렇게 고생을 많이 하고 자라서 사회에 나와서부터는 다른 친구들보다 빨리 자리를 잡을 수 있었다는 것이다. 살다보면 힘든 일이 하나 둘이 아닌데 어릴 적 고생한 경험이 사회생활의 어려움을 의연하게 맞서게 해주더라 말씀하시며, 날 보면 사장님 어린 시절이 생각나 대견하다고 해주신다.

　나는 어쩌면 사장님보다 운이 좋은지 모르겠다. 그렇게 좋은 분 만나서 도움 되는 말씀도 많이 듣고 아버지와 같은 따뜻한 배려까지 받을 수 있으니 얼마나 든든한지 모르겠다. 이런 걸 두고 전화위복이라고 하는가보다. 미연이가 나이키 신발 사달라고 떼쓰는 걸 보고 아르바이트를 시작했는데 덕분에 나는 아버지를 만들 수 있게 되었다. 사장님도 자신을 큰아버지라고 부르라고 하신다. 아직은 어색하지만 마음으로는 그렇게 부르고 싶다. 그 분과 일하는 것이 얼마나 든든한지 나는 그 분의 따뜻함을 평생 잊지 않을 거다.

그렇게 일기와 더불어 돈에 대한 기록이 시작된다. 정말 몇 푼 안 되는 액수들이 꼼꼼히도 기록되어 있다. 백원 하나, 천원 하나에도 의미를 담아놓았다. 어찌 보면 너무 구차하다 싶기도 한 숫자들인데 오빠의 치열한 시간과 고민, 미래에 대한 꿈과 나에게 베푸는 사랑이 담겨 빛이 나는 느낌이다.

재테크를 하겠다고 쫓아다니면서 나는 오빠의 노트에 담겨 있는 그런 작은 숫자들은 아주 우습게 여겨왔다. 그런 작은 숫자 따위에 대한 인식은 전혀 없었다고 해도 과언이 아니다. 1억이니 10억이니 억억거리면서 100원 1,000원 같은 것은 아예 돈으로 취급하지도 않았다. 그러나 내가 떠벌렸던 그 숱한 억들에는 오빠의 노트 속에 있는 빛나는 삶이 없었다. 감동도 없고 배려도 없었다. 치열한 자기반성과 타인에 대해 감사하는 마음, 미래에 대한 강한 의지, 하루하루 배워나가는 삶의 지혜 같은 것은 눈 씻고도 찾아볼 수가 없다. 그저 욕망만 가득한 천한 숫자일 뿐이다. 순간 내가 지금까지 어떻게 살아왔는지 너무나 끔찍해졌다. 창피하고 무거운 마음이 가득찬 그 순간 나는 다짐을 해야 했다. 그저 지난날을 후회하고 자책하고 있을 수만은 없다. 이제 나는 다시 사는 기분으로 달라질 것이다……. 그런 마음으로 두 번째 노트를 열었다.

오늘 미연이가 대학에 합격을 했다. 부모 마음이 이와 같겠지. 너무 뿌듯하고 내 자신이 얼마나 자랑스러운지 모르겠다. 꼭 내가 해낸 것 같다. 내가 다 만들어낸 것이다. 짜식, 대학에 안가면 안 되냐고 떼를 쓸 때는 밀더니 집에서 든든하게 밀어줘서 공부한 아이들도 가기 어렵다는 대학에 당당하게 붙었다. 어려서부터 철은 없어도 머리는 좋은 아이였다. 총명하고 자존심 강하고 깍쟁이 같다가도 의젓한 내 동생. 고등학교 입학할 때 어머니께서 나보고 미연이 아버지 노릇하라고 할 때는 정말 싫었었다. 내가 왜 동생 때문에 내 것을 양보하고 포기하며 살아야 하는지 방황도 많이 했었다. 그러다 마지못해 어머니에 대한 연민으로 아버지 노릇을 시작한 건데 이제는 정말 마음으로 내가 미연이 보호자라는 생각이 가득하다. 처음에는 양보하고 포기하는 것이 죽을 만큼 아프고 괴로웠지만 이제는 그렇지 않다. 큰아버지가 나를 잡아주신 것이 힘이 되었다. 큰아버지 말씀대로 나 하나로 인해 누군가 더 행복해지고 더 나은 미래를 살게 되는 경험은 내가 성공한 것보다 내게 더 큰 성취감을 주는 것 같다. 내 자신이 얼마나 대견한지 모른다. 자식 기르는 것은 농사짓는 것과 같다고 하는데 작은 씨앗을 뿌려 정성스레 물주고 거름 주고 가꾸어서 넓은 땅을 가득 덮은 푸른 잎들을 보는 것과 같은 감동이 인다. 물론 앞으로가 더 힘들 것이다. 대학 등록금이 한두 푼이 아니지 않은가. 그나마 다행인 것은 지난 해 야간 대학을 졸업하고 이 직장에 자리를 잡은 일이다. 이제 조금씩 안정적인 회사에서 이전보다 넉넉하게 월급을 받으니 이전보다는 훨씬 수월할 것이다. 어머니도 이제 편하게 모셔야 하는데 내게 부담을 줄까봐 그러시는지 일을 놓지 않으신다.

　이렇게 조금씩 나아지는 것이 정말 행복하다. 이전에는 나의 가난과 무거운 책임을 탓하고 살았는데 알고 보니 그 모든 것이 부유한 집에서 태어나 주어진 것을 누리고 사는 것보다 훨씬 좋은 것 같다. 이렇게 많은 순간순간을 내 자신을 뿌듯해하며 살 수 있는 기회를 부여받지 않았는가. 물론 이렇게 살 수 있도록 언제나 나를 믿어주시는 어머니와 든든하게 끌어주신 큰아버지 덕이 가장 크다. 거기에 미연이까지 잘 자라서 이렇게 대학까지 한 번에 붙어주니 얼마나 고마운지 모르겠다. 나는 정말 행운아다. 이제 이전보다 더 돈을 아끼고 잘 모아야겠다.

　이런 것이었다. 그동안 오빠가 이상하리만큼 자신보다 나를 더 챙기고 자신에게는 인색하면서 가족에게 후할 수 있었던 것, 진정으로 아버지와 같은 그 넓은 마음에서였다. 억지로 아빠 노릇을 한 것이 아니라 진정으로 기쁘게 아버지 그 자체의 마음을 가졌던 오빠. 그렇게 나에 대한 진정어린 염려 때문에 철없는 나의 반항에 심하게 아파하기도 했나 보다.

> 정말 이럴 때는 내 동생이지만 미연이가 미워진다. 갑자기 대학에 입학하지 않겠다고 떼를 쓴다. 어려운 환경에서 남들이 부러워하는 대학에 합격하고도 속으로 무슨 생각에서인지 취업을 해서 돈을 벌겠다는 것이다.
>
> 야간 대학을 졸업하고 어렵게 벌고 있는 돈으로 등록금을 내준다고 하는 것이 마음이 좋지 않아서 일거다. 그 녀석이 겉은 그렇지 않은데 속은 여리고 여려서 나에 대한 미안함으로 그러는 걸 다 안다. 그런데 정말 내가 자신을 얼마나 자랑스러워하는지 왜 모르는지 알 수가 없다. 미연이는 아직도 돈 그 자체가 행복을 결정한다고 믿는 것 같다. 내가 동생을 위해 돈을 쓰는 게 불행한 것이 아니라 오히려 그럴 수 있어 얼마나 뿌듯한지를 모르는 것이다. 어떻게 마음을 바꿔주어야 하는지 정말 머리가 아프다.
>
> 나는 어떤 일이 있어도 미연이 대학 뒷바라지는 직접 할 것이다. 어쩌면 이것이 이 오빠가 해줄 수 있는 마지막 아버지 노릇일지 모르는데……. 그 녀석의 고집에 나는 절대 지지 않을 것이다.'

이 일기를 읽고 나는 눈물과 웃음이 범벅이 되었다. 점점 오빠의 일기와 오빠가 기록해 놓은 작은 숫자들에 담긴 나에 대한 사랑을 읽으면서 갖가지 추억이 떠올라 마음이 따뜻해졌기 때문이다. 내 철없는 반항들에 이렇게 심각하게 고민하고 모질게 마음먹었었다니……. 알고 보면 오빠도 마음이 여린 편이라 내 고집을 쉽게 꺾은 것이 아니었다. 사실 내 말도 안 되는 행동에 늘 아슬아슬했을 것이다. 과거와 비교할 수 없을 정도로 심하게 생떼를 쓰고 있는 최근의 내 행동에 오빠가 어떤 마음이었을지 궁금해졌다. 그래서 두 번째 노트를 읽다 말고 세 번째 노트를 펼쳐 보았다.

뒤적여보니 내가 집에 가서 폭탄을 던졌던 날의 일기가 있다. 그 일기는 지금까지 읽은 어떤 것보다 슬픈 것이었다.

> 아마도 지금까지 살아오면서 오늘만큼 내 자신이 무능하고 무력하다는 것을 느껴본 적이 없던 것 같다. 나는 지금껏 너무 오만했다. 쉽게 성취감을 느끼고 살아왔다. 내가 해줄 수 있는 것이 없다. 차라리 결혼하지 말걸 그랬나 하는 생각마저 든다. 아무것도 해줄 수 없는데, 이제는 나도 먼저 책임져야 하는 식구들이 있는데, 내 동생 삶에 불이 나고 있다. 나는 그동안 뭘 하고 있었던 걸

> 까? 미연이가 그토록 돈에 사무친 사람으로 자라도록 방치하고 있었던 건가? 고통스럽게 여기까지 오면서 나는 섣불리 최선을 다했다고 생각했다. 그런데, 그런데…… 얼마나 가난에 사무쳤으면 그 애가 그렇게까지 발버둥 치며 살게 된 것일까? 뼛속까지 스며있는 미연이의 가난한 마음을 나는 그동안 눈치도 못 채고 살아왔다. 그저 해줄 것 다 해줬으니 할 일 다 했다고 너무 일찍 뿌듯해 했다. 그런데 돌이켜보니 나는 나 자신을 위해 미연이 뒷바라지를 해왔었나 보다. 오로지 책임감을 다하기 위해 그래서 스스로에게 상을 주기 위해 미연이가 어떻게 자라든 관계없이 살아온 것이다. 내가 진정으로 미연이를 위해 한 것이란 게 있는 것일까? 내 자신이 너무 혐오스럽다.

이 짧은 일기에 나와 있는 것은 절대로 진실이 아니다. 오빠는 전혀 잘못이 없다. 가난한 마음을 갖고 자란 것은 순전히 내 욕심 때문이었는데, 왜 오빠가 자책을 하고 자기 혐오를 해야 하는가? 당장이라도 달려가서 오빠 앞에 엎드려 빌고 싶어졌다. 그게 아니라고 내가 잘못했다고 내가 갑자기 욕심에 눈이 멀었었다고, 잠시 그랬던 거라고 말해주고 싶어졌다.

그런데 과연 나는 그렇게 오빠에게 빌고 용서를 받을 수 있는 현실을 살고 있나? 혹시 남편의 말대로 우리집에 있다는 불씨가 이미 어디에선가 자라나 모든 것을 집어삼킬 만큼 커지고 있는 것은 아닐까?

　꼬일 대로 꼬여 있는 우리집 상황이 해결되지 않은 상태에서 우리 가족이나 오빠나 모두 서로의 상처를 말끔히 치유할 수는 없을 것 같다. 마음이 너무 복잡해졌다. 미안한 마음, 후회, 서러움, 자책 등이 얽히고설키어 나는 다시 불안해졌다.

　맥주를 한 잔 더 마셨다. 시계를 보니 어느새 열두 시가 넘어서고 있다. 자포자기 심정이 되어 더 이상 노트를 열어볼 엄두가 나지 않아 멍하니 앉아있는데 두 번째 노트 끝 부분에 밖으로 삐져나온 노란색 쪽지가 보인다. 어서 펴봐 달라고 신호라도 보내는 것만 같아 슬며시 열어보았더니 오빠가 결혼을 앞두고 있던 무렵의 편지가 붙어 있다. '당신이 내게 해준 최고의 청혼'이라는 제목의 편지는 새언니가 오빠에게 쓴 것이었다.

당신은 청혼을 하면서 내가 좋아하는 파란색에 강아지 캐릭터가 그려진 카드를 샀어. 카드에는 한 글자 한 글자 여러 색깔 펜으로 함께 행복한 미래를 만들어 가자는 내용이 들어 있었지. 난 말이야, 그걸 보자마자 '와……. 정말, 이 가난뱅이 궁상 좀 봐. 유치찬란해서 봐줄 수가 없네' 하고 속으로 비웃었지, 킥킥. 그런데 편지 마지막에 '꼭 부자가 되자'라는 내용이 있는 거야. 나는 당신의 유치한 카드에 웃음을 던졌지만 사실 내심 감동 받고 있었거든? 세상에서 가장 감동적인 것은 모두 유치한 법이니까. 그런데 굳이 청혼 카드에 부자가 되자는 이야기를 써야 하는지……. 순간 행복한 꿈을 꾸다 찬물을 얻어맞고 불쾌하게 잠에서 깨는 기분이 들었어. 돈이 많은 것이 싫지는 않지만 그렇다고 돈에 전부를 걸고 살자는 건지 갑자기 속물이 된 기분이 들었던 거지. 게다가 당신이 얼마나 가난뱅이인지 내가 아주 잘 아는데 말이야. 내가 갑자기 불편한 얼굴을 했더니 당신은 내게 미소를 지었지. 그리고는 당신이 함께 꿈꾸고 싶은 부자의 꿈 이야기를 해줬어. 이렇게 유치하게 말이야.

'흔히 부자는 돈이 많다는 생각들을 많이 하지. 그런데 나는 돈이 별로 없어. 그렇다고 이제부터 죽어라고 돈 버는 것에만 올인 해서 돈 많은 부자가 되자는 이야기가 아니야. 내가 생각하는 부자는 돈으로부터 자유로운 사람이야. 돈이 많아서 자유로운 것이 아니라 언제나 돈을 잘 다뤄서 우리가 함께 살면서 해야 할 것들, 하고 싶은 일들을 꼭 하고 살았으면 하는 거지.

내 부자 꿈은 이렇다. 막연히 하루하루 쫓기듯 사는 것이 아니라 많은 것들을 꿈꾸고 그 꿈들을 하나하나 이뤄가는 것! 나는 주위 친구들이 겨우 서른 중반을 넘어가면서부터 그러니까 마흔도 되기 전에 삶에 지치는 모습들을 보며 이해할 수도 없었고 그렇게는 살고 싶지 않다는 생각을 자주 했어.

집 한 채 사느라 청약 전략 때문에 첫 아이 낳을 때까지 혼인신고도 안 하고 사는 친구도 본 적 있는데, 그렇게 어렵게 집을 장만하고도 집 때문에 얻은 빚 갚느라 허리 휘게 맞벌이를 하면서 오로지 주택 시세표에만 자신들의 미래를 거는 모습이 정말 싫더라고. 몇 푼 되지 않는 비상금으로 소문 따라 주식 몇 주 사고, 돈을 벌기는커녕 절반 이상을 까먹어서 속상하다고 부부싸움하고 술자리에서 하소연하는 친구의 모습은 안쓰럽기까지 했거든. 소득의 절반을 아이들 교육비로 지출하면서 매달 마이너스 생활을 이어가는 판에 꿈은 무슨 꿈이냐며 아이들 인생에 자신은 죽었다고 변소하는 친구의 처진 어깨가 정말 보기 싫었던 거지. 나는 이렇게 늦게 결혼하게 되었지만 먼저 결혼해서 살고 있는 친구들의 모습을 보며 결혼을 하고 나면 어떻게 살아야 할지 아주 생생하게 배웠어.

나는 다르게 살고 싶어. 내집 마련과 아이들 교육비에 쫓기고, 행복은 사치라며 그런 현실이 당연한 듯 체념하고 사는 것은 용납할 수 없어. 그렇다고 이제 늦은 결혼으로 무시무시한 현실에 발을 들여놓는 내게 뾰족한 대안이 있는 것도 아니야. 결혼식 비용 지불하고 나면 남는 돈도 별로 없어. 남보다 늦게 시작했기 때문에 더 어려우면 어렵지 친구들이 시달리는 현실의 고통을 비껴갈 충분한 돈을 갖고 있지 않아. 그렇다고 막연히 어떻게 되겠지 하는 마음으로 결혼할 수도 없어.

난 병철하지만 삶을 행복하게 살 제대로 된 부자가 되고 싶어. 그리고 그것이 늘 꿈꾸는 우리의 미래야.'

당신은 내게 하고 싶은 일들이 많다고 이야기해줬어. 그리고 늘 하고 싶은 것들을 함께 꿈꾸자고 제안했지. 그리고 그를 위해 무리하게 빚을 지고 성급하게 집부터 장만하거나 아이들을 엘리트로 키우기 위해 학원으로 아이를 돌리는 미래는 살지 않길 바란다는 말도 해줬어. 그 대신 전세로 시작해 조금씩 집을 늘려가고, 조금씩 늘어나는 집의 크기만큼 살림살이도 조금씩 늘리고, 아이들에게는 어릴 적부터 경쟁에 내모는 잔소리 대신 가족의 행복한 미래의 꿈을 들려주는 부모가 되고 싶다고……

부자는 돈보다 꿈이 많아야 한다고 생각한다는 당신의 유치한 그

말 말이야. 유치하고 유치해서 내 마음을 당신에게서 떠나지 못하게 하는 그 감동, 아주 지독한 스토커지.

고급 아파트, 화려한 백화점 소비, 멋진 세단. 돈만 쓰는 꿈은 싫다고, 당신은 가족들과 더불어 하고 싶은 일이 많다고 했어. 비싼 옷을 입지 않아도 되고 화려한 여행이 아니어도 좋다는, 우아한 외식이 없어도 최첨단 아파트에 살지 않아도 된다는……. 그런 것들과 가족들의 웃음을 바꿀 수는 없다고 했어. 어쩌면 그렇게 여자가 싫어할 만한 이야기를 내 마음에 콕콕 박히게 하는지. 그래서 내 마음과 눈이 오로지 당신만 바라보게 만드는 당신은 정말 비범한 능력을 가진 사기꾼이야.

푸념과 한숨 소리 속에 돈 때문에 무기력하게 죽은 사람처럼 살 수는 없다고 했지. 돈보다 꿈을 만들며 작은 것에 함께 웃고 살기를 바란댔지. 하고 싶은 많은 것들을 당장 하고 살지는 못하지만 언젠가 꼭 하고 살 수 있도록 미래를 설계하고 만들어 나가고 싶다는 당신.

언제나 오늘보다는 내일이 더 풍요롭고 행복했으면 좋겠다는 당신의 미래 설계 말이야. 사실은 지금 가난한 것에 대한 변명일 수도 있지만, 난 말이야, 그런 미래를 가진 가난한 당신이 얼마나 든든한지 몰라. 30대보다는 40대가, 젊은 시절보다 나이 들어가면서 더 여유 있는 삶이 되도록, 당장은 가난하게 그러나 행복하게 살고 싶다는

> 당신이 그리는 부자 꿈. 그것이 부자라고, 그렇게 풍요롭게 절대 꿈을 잃지 않고 살고 싶다는 당신의 청혼에 그 어떤 여자가 감동받지 않겠어. 난 내가 나여서 정말 다행이라고 생각했어. 내가 그런 기가 막힌 청혼을 받는 행운아여서 정말 감사해. 고마워. 그래, 우리 당신 말대로 평생 그렇게 살자. 설사 돈 펑펑 쓰며 사는 날이 절대 오지 않는다 해도 난 하나도 후회하지 않을 거야. 당신처럼 멋진 미래를 사는 남자가 내 남편인데, 다른 사람은 몰라도 당신만큼은 늙어 꼬부라진 내 손을 절대 놓지 않을 것 같은데, 내가 뭐가 아쉽겠어. 고마워. 정말 사랑해. 내게 그런 세상에 둘도 없는 청혼을 해줘서 너무 고마워…….

우리 오빠란 사람은 이런 사람이었다. 어느 하나 버릴 것이 없는 진짜 제대로 된 사람. 내가 부동산으로 펀드로 오로지 돈만 좇으며 성급하게 부자가 되어보겠다고 지치고 피곤하게 살아가는 동안 오빠는 이미 부자가 되어 행복하게 살고 있었던 것이다.

꼬질꼬질 일기에 가계부까지 써가며 행여 그 행복들이 날아가기라도 할까 꼭 붙들어 놓고 사는 것이다. 그런데 나는 이렇게 가까운 곳에 내가 꿈꾸던 행복을 두고서 굳이 멀리까지 가서 가지가지 불행들을 온몸에 덕지덕지 붙이고 오빠의 행복에 방해꾼이 되어 돌아온 것이다.

하지만 편지 끝 부분에 새언니가 쓴 말처럼 내가 나여서 얼마나 다행인지, 내가 우리 오빠의 동생이어서 얼마나 다행인지, 감사와 희망으로 가슴이 벅차올랐다.

이제라도 늦지 않았다. 여전히 내 손을 놓지 않고 있는 오빠의 그 간절한 마음이 있으니 나는 희망적이다. 마음이 놓이고 따뜻해져 온다. 그리고 그 안도감 속에 나는 오빠의 노트 위에 얼굴을 대고 스르르 잠이 들었다.

가계부에 적힌 숫자는 위대하다

교통카드 충전 10,000원, ATM 현금인출 수수료 500원, 떡볶이 2,500원.
구차한 현실에 한숨이 나올 때가 있다.
선택받은 부자가 아니라는 자괴감에 빠지기도 하고,
구질구질하게 사는 것 같아 우울해지기도 한다.
그러나 그 초라해 보이는 숫자들에 담긴 의미는 바로 미래의 꿈이다.
주어진 돈을 함부로 쓰지 않겠다는 성실한 의지가 담겨 있으며
풍요로운 미래를 만들어 가는 치열한 노력이 담겨있다
가계부는 그 자체가 삶을 충실히 살아가는
경건한 기도의 과정 같은 것이다.
그 초라한 숫자들이 시간의 흐름에 따라 늘어날 때
어느 순간 당신은 위대한 삶을 맞이하게 될 것이다.

우리집 경제 성적
냉정하게 대차대조하기

불완전한 행복을 유지하느라 지치고 힘들었던 걸 생각하면
지금 이렇게 남편과 편하게 웃는 시간은 천금과 같다.
돈으로 살 수 없는 귀한 것을 우리는 왜 잊어버리고 살아 왔던 걸까?

분명히 거실에서 잠이 들었던 것 같은데 깨어보니 침대 위다. 새벽녘에 남편이 나를 깨워 옮겨준 것이 어렴풋하게 기억난다. 시계를 보니 벌써 9시가 넘었다. 며칠째 잠도 못 자고 온통 예민해진 채 신경을 썼더니 몸살까지 난 것 같다. 무거운 몸을 억지로 일으켜 거실로 나갔더니 부엌 쪽에서 남편과 예진이의 웃음소리가 들려온다. 어려서부터 혼자 밥을 차려 먹었던 경험 때문에 식사 준비만큼은 꼭 아내에게서 받고 싶다고 하는 사람이라 웬만해서는 부엌일을 돕지 않는 남편이 아침부터 부엌에 있다니 이상한 일이다. 의아하기도 하고 신기하기도 해 슬쩍 부

억을 들여다보았다.

"어? 일어났어? 거의 시체처럼 뻗었기에 더 자라고 안 깨웠는데, 왜 좀 더 자지 그랬어?"

목소리에 따스함이 배어 있다. 돈 문제로 오랫동안 다퉈온 터라 그 따스함이 낯설면서도 무척이나 반갑다.

"아니야. 잘 만큼 잤어. 아침 준비도 해야 하는데 너무 잤네. 미안해. 그런데 뭐해?"

"엄마, 아빠가 엄마 아프다고 우리 둘이 엄마 죽 끓여주자고 했다. 그래서 내가 양파도 까고 마늘도 찧었어. 몸살에는 야채 넣은 죽이 좋다고 아빠가 지금 죽 끓이고 있는데, 히히. 내가 먹어 봤는데 아무래도 엄마가 먹을 수 있을지 모르겠네?"

예진이 얼굴이 즐거움으로 가득 하다. 나도 양파와 마늘 이야기를 듣는 순간 웃음을 터트렸다.

"죽에 양파와 마늘을 넣었어? 와! 그거 세상 어디에도 없는 죽일 것 같은데. 우리 공주님하고 아빠가 만든 최초의 양파 마늘 죽이라. 근데 이거 나 혼자는 못 먹을 것 같아. 이렇게 귀한 거, 우리 가족 모두 나눠먹어야 하지 않을까?"

"꺅, 나는 싫어, 절대 안 먹어. 히히히."

예진이는 갑자기 기겁을 하며 도망을 간다. 그러나 그 모습에도 재미있는 놀이를 할 때처럼 장난스러움이 배어 있다. 그런

예진이를 보고 남편이 쫓는 시늉을 하며 장난을 잇는다.

부엌에서 이렇게 즐거웠던 적이 있었던가? 내가 식사 준비를 하는 동안 즐거운 시간은 거실에 있는 남편과 예진이만의 것이었다. 나는 그저 늘 그 둘의 행복을 유지시켜주기 위한 이음새 같은 존재였다고나 할까.

그런데 오늘은 습하고 어두운 마음에 봄날 햇살 같은 밝고 따스한 기운이 퍼진다. 비로소 나도 남편과 예진이의 행복 속에 들어선 것만 같다.

아직까지 많은 숙제가 남아 있지만 이미 절반은 해결된 셈이다. 어려운 것부터 골라 풀어놓았기 때문에 남아 있는 문제는 그리 복잡할 것이 없다.

이제 문제를 읽고 답을 써가기만 하면 된다.

남편은 거실에 앉아 소방관이 우리에게 준 숙제를 꺼냈다. 이제부터 문제 해결을 위해 머리를 싸매야 하기에 나는 예진이더러 방에 가 있으라고 했다. 그런데 남편이 다른 제안을 했다.

"여보, 그러지 말고 우리 문제를 예진이랑 공유하는 게 좋지 않을까? 대신 예진아, 너는 엄마 아빠가 이야기하는 것 중에 못 알아듣는 것이 있어도 일단은 그냥 듣고 있어야 해. 네가 자꾸 이것저것 물어보면 엄마 아빠 숙제를 제때 못 끝내니까. 묻고 싶은 게 많아도 꼭 물어봐야 할 것만 물어보기. 어때?"

예진이는 자신이 엄마 아빠 일에 함께 할 수 있다는 것이 마냥 신나는 모양이다. 얼굴이 환해지며 아빠와 손가락까지 걸고 그 맑은 눈을 굴리며 앞으로 전개될 이야기를 기다린다. 남편의 제안에 다소 당황하기는 했지만 예진이의 초롱초롱한 눈을 보니 나쁠 것도 없겠다는 생각이 들었다.

"그럼 우선 대차대조표부터 적어보자. 이건 당신 전공일 거 같은데, 자산과 부채, 이건 내가 아는 것이 정확하지가 않아서. 자, 하나하나 적어볼까? 음. 먼저 자산 부분인데, 제일 먼저 부동산 자산에 대해 쓰는 거네. 이거야 말로 기입하면서 아주 뿌듯하지. 히히. 거주 주택이라……. 지금 이 집이 시가 대충 5억 정도 되지? 그리고 일산에 있는 아파트가 2억 5,000만원이고 오피스텔은 지금 어느 정도 하나? 2억 정도 받을 수 있을까?"

남편은 신나서 이야기를 한다. 한때 나도 우리집 부동산 자산 현황을 적으면서 저렇게 마냥 행복하기만 한 적이 있었다. 그러나 이제는 아니다. 남편이 들떠 이야기하는 모습을 보니 내가 얼마나 어리석었었는지 다시 한번 과거의 나를 돌아보게 된다.

"와, 아빠 우리집 그렇게 부자야? 우와 끝내준다. 5억도 있고 2억도 두 개나 돼?"

"그럼! 예진이 너, 엄마한테 고맙다고 해야 해. 너 교육 잘 시키고 싶어서 엄마가 얼마나 여기저기 뛰어다녔는지 아니?"

남편은 나에게 잘 보이려고 일부러 더 과장되게 이야기를 한다. 그러나 나는 하나도 자랑스럽지 않았다. 심지어 두렵기까지 하다. 그 다음 기입 항목을 보니 급여 통장 잔고, 비상금 잔액, 그 외 기타 금융자산에 대한 구분이 있다.

부동산을 빼고는 모두 초라하다. 비상금 같은 것은 한번도 별도 자산으로 가져본 적이 없을 정도다. 급할 때는 마이너스 통장에서 빼 쓰면 된다는 생각으로 비상시를 대비해온 것이다. 또, 대출 기입란을 보니 대출의 종류대로 구분해서 적게 되어 있는데 그 구분이 모자랄 정도로 빚이란 빚은 다 끌어다 쓰고 있는 형편이다.

순간 나는 모든 것을 털어버리고 싶은 마음이 들었다.

"있잖아. 여보. 우리 좁은 집으로 이사해서 살 수 있을까?"

갑작스런 나의 질문에 남편은 어리둥절한 것 같다.

"좁은 집? 글쎄, 나야 뭐 집 좁은 거 괜찮은데. 당신이 답답하다고 했잖아. 예진이 친구에게도 괜히 기죽는 거 싫다고 했고."

"답답한 것 싫고, 아이 기죽이는 것 같은 정말 별것 아닌 이유로 그동안 허세부리고 살아왔잖아. 나 그래서 벌 받는 거 같아. 집 크기가 아이 자신감하고 무슨 상관있다고……. 답답한 거 사실 그것도 생각하기 나름인데. 이 집 처음 이사 왔을 때만 해도 정말 운동장같이 넓게 느껴졌는데 살아보니 그저 그렇잖아. 점점 짐은 늘어나고 이전처럼 답답해지기는 마찬가지야. 결국 내 마음이 답답한 걸, 괜히 집 크기에 허세 부리느라 더 소중한 걸 잃고 있는 게 아닌가 싶어. 욕심이 지나쳐서 부자는커녕 이렇게 위험천만하게 사는 거, 정말 잘못된 것 같아."

"그래, 사실 우리 그동안 집 때문에 너무 힘들었지. 시세 다 합치면 거의 10억에 가깝지만 그 10억이 우리 주머니에 들어온 돈도 아니고, 알고 보면 써보지도 못한 돈에 마음만 너무 힘들잖아. 나는 좁은 집 얼마든지 괜찮아. 솔직히 우리 일산에 그 21평짜리 아파트 살 만했잖아. 난 그때가 제일 행복했어."

그동안 나와 남편이 자주 싸운 탓에 듣지 않아야 할 소리도 많이 들으며 자란 예진이는 엄마 아빠 이야기를 정확히 알아듣진 못하지만 그래도 대략은 눈치를 채는 것 같다.

"아빠, 그럼 우리 옛날 그 집으로 이사 가는 거야? 그럼 또 전학 가야겠네? 근데 나도 그때 그 집이 좋았어. 그때는 엄마 아빠도 별로 안 싸우고 공원에도 자주 놀러가고 그랬었잖아. 학원에도 많이 안 다녔고. 엄마도 나랑 책도 자주 읽고 그랬는데……."

말을 안 해서 그렇지 예진이도 그동안 많은 상처를 받았던 것이다. 아이에게 더 좋은 환경, 더 나은 교육을 시켜주겠다고 분주하게 살아왔건만 정작 아이에게 외로움만 주고 우리 가족 모두 얻은 것보다 잃은 것이 더 많았다는 것을 이제야 깨닫는다.

"그래, 우리 처음 살았던 그 집으로, 진짜 우리집으로 이사를 하자. 마침 계약 기간도 끝나가니까 우리가 들어가 살면 되겠네. 그리고 나머지 집이랑 오피스텔은, 모두 팔아버리는 게 좋을 것 같아."

남편이 밝은 목소리로, 하지만 조심스럽게 말을 이었다. 그동안 집을 팔자고 여러 번 졸랐었지만 내가 단호하게 거부했던 터라 이런 나의 이야기가 반가울 수밖에 없을 것이다. 하지만 그러면서도 내가 그동안 부동산 투자에 들인 공이 모두 사라진다는 생각이 들어서인지 마음껏 대놓고 좋아하지는 못하는 것도 같다.

"자, 그럼 이제 제대로 우리집 대차대조표를 작성해볼까? 그

남편의 대차대조표

자산		부채	
금융자산		주택담보대출	30,000
부동산자산	70,000		
일산아파트	거주용자산제외		
거주아파트	50,000		
오피스텔	20,000		
자산 계	70,000	부채 계	30,000
		순자산	40,000

러니까 두 집을 팔고 집이 한 채 남으니까 거주 부동산으로 2억 5,000만원이네. 나머지 7억 가량을 손에 쥐는 거지. 부채가 총 3억 가량이니까 다 갚고도 4억이나 남네. 우와, 이렇게 간단한걸. 당신 그동안 헛고생 했다고 서운해하지 마. 이것 봐 당신 노력으로 4억이나 남잖아."

나는 남편이 좋아하는 모습을 보며 잠시 망설였다. 사실은 우리 부채가 3억에 그치지 않는다는 걸 말해줘야 하는데 차마 입이 떨어지지 않는다. 하지만 이제는 물러서면 안 된다. 도망가서도 안 된다. 마음을 다져먹고 입을 열었다.

"아니, 우리 4억 못 남겨. 거의 일 년 넘게 3억의 부채를 유지해왔는데 당신 월급 가지고 그게 감당이 되었을 거라고 생각해? 당신이 자꾸 집 팔자고 조르는 바람에 말 못한 게 있는데, 사실 마이너스 통장 3,000만원이 있고 이 집 살 때도 자금이 부족해서 친구에게 빌린 돈 5,000만원이 더 있어. 그리고 엊그제 당신이 이야기한 거 있잖아. 주식 투자 하느라 퇴직금하고 보험 담보로 5,000만원 빌렸다며. 그러니까 1억 3,000만원 더 빼야 하고 거기에 자동차 할부도 갚아야지. 그건 당신이 선택해. 할부를 갚을 건지 아니면 차를 없앨 건지. 게다가 지금 살고 있는 집은 팔고 나면 양도소득세도 내야 해. 세금 때문에 명의를 분산한다고 했지만 아직 비과세 적용을 받으려면 6개월 정도 더 기다려야 하는데 당장 팔아야 하잖아. 적어도 차익에 대해서는 20% 이상 세금을 내야 할 거야. 그리고 당신이 생각하는 그 가격에 팔 수 없을지도 몰라. 요즘 부동산 시장 거래가 거의 없다는데, 아마 여러가지 최악의 경우를 가정해봐야 할 거야. 또, 오피스텔도 그렇게 간단한 문제가 아닌 게, 그간 나도 급한 마음으로 여기저기 시세를 알아봤는데 분양가보다 많이 손해 봐야 팔 수 있겠더라고. 계약금 정도는 포기하고 내놓은 물건도 많은데 그런 것도 거래가 잘 안 되는 모양이야. 그니까 당장 팔려면 그 이상 손해를 감수해야 한다는 건데……. 이래저래 따져보면 아마 남는 돈이 거의 없을 거야."

내가 묻어뒀던 말을 다 풀어내자 잠시 동안 남편은 말을 잃은 사람 같았다. 아마 남편은 다 정리하고 4억이 남는다는 것을 지나치게 믿었을 것이다. 4억을 손에 쥐고 빚이 없어지니 얼마나 속 편히 살 수 있을까만 생각했겠지. 그런데 4억은커녕 남는 돈이 거의 없을 것이란 이야기를 들었으니 당황하는 것도 당연하다.

"아니 그러니까, 내가 모르는 빚이 더 있었다? 아니, 정말 당신……. 후."

실망감이 커지니 화가 나는데 잘 해보려는 분위기를 깰까 큰 숨을 몰아쉬며 화를 참는다.

"그래 좋아. 그러니까 오피스텔은 얼마나 손해를 봐야 하는데? 이 집 당장 팔면 양도소득세를 차익의 20%나 내야 한다고? 야, 이거 정말 말 그대로 진퇴양난이네? 당신, 그래서 지금까지 내가 팔자고 할 때마다 안 된다고 한 거였구나."

화를 참으며 또박또박 이야기하는 말끝은 거의 체념조에 가깝다. 평소 같으면 남편이 이렇게 이야기하는 것에 불같이 화를 냈을 것이다. 가뜩이나 답답함에 가슴이 터질 것 같은데 꼭 방관자처럼 평가하듯이 말하는 것이 거슬리기 때문이다. 그러나 오늘은 화가 나지 않았다. 마음이 착 가라앉는 것이 이상하리만큼 차분해졌다. 아마도 마음속에서 이미 많은 욕심과 후회를 비워 냈기 때문일 것이다.

남편은 한숨을 쉬며 잠시 골똘히 생각하는 것 같더니 이내 뭔가 결심한 듯 입을 연다.

"그럼 당신은 어떻게 생각하는 거야? 얼마 전 이야기했던 것처럼 6개월 후에 이 집 양도소득세라도 비과세 될 때까지 기다릴까? 오피스텔도 그때쯤이면 가격이 나아질지도 모르니까……. 하긴 이것도 상당히 낙관적인 상상이긴 하지만. 매월 이자가 도대체 얼마나 나가는 거야? 내 월급에서 이자 나가는 것도 장난이 아니던데, 그게 모자라서 다른 빚까지 추가로 냈었다는 거잖아. 다른 빚이 또 있으니 이자가 더 커졌겠네. 정말 말 그대로 악순환이군. 당신이 혼자 다 잘못했다는 건 아니지만, 왜 그동안 이런 속사정을 자세히 이야기하지 않고 혼자 끙끙댔던 거야? 아무리 내가 부족해도 믿고 함께 상의했으면 좋았을 텐데. 하긴 지금 와서 후회하면 뭐 하나. 아무튼 당신 이야기 듣고 나니까 솔직히 난 어떻게 해야 할지 방향이 잘 안 잡혀. 당신 생각은 어때?"

나는 잠자코 남편의 이야기를 듣고 있었다. 평소 같으면 벌써 톡 쏘는 소리, 비꼬는 소리가 몇백 마디쯤 터져 나와야 하는데 그저 조용히 듣고만 있으니 남편은 도리어 내 눈치를 살핀다.

"내 생각이라……. 그래, 내 생각이 중요하지. 난 그냥 이제 전과 다르게 살려고, 그러니까 이전처럼 어리석게 살지 말아야 한다는 생각이야. 생각해보면 난 그냥 내 자신이, 우리 가족의 현실이 싫었던가봐. 벗어나고 싶다는 생각에 늘 발버둥쳤던 것 같아. 그런데 알고보면 벗어나는 길은 영영 없어. 어릴 적에는 집에 전화만 있어도, 유치원만 다녀도, 학교 수업료만 밀리지 않아도……. 이렇게 평범한 것들을 바랐었거든. 그저 평범한 친구들이 부러웠는데, 지금 나는 도대체 뭘 바라고 이렇게 어리석은 발버둥을 쳐왔는지 그것도 잘 모르겠는 거야. 어릴 때와 비교하면 지금의 난 충분히 만족하고 행복에 겨워해도 모자랄 것들을 많이 갖고 있는데, 계속 끊임없이 뭔가에 굶주린 사람처럼 굴었어. 예진 아빠, 우리 처음으로 돌아가자. 난 이제 빚만 갚을 수 있다면 그 어떤 욕심도 다 버리고 하나하나 채워나가면서 살고 싶어."

남편도 내 이야기를 가만히 듣는다. 예진이는 엄마 아빠가 무슨 이야기를 하는지 잘 모르겠지만 분위기가 좋지 않다는 것만은 감지를 한 것 같다.

"엄마, 우리집 망하는 거야? 빚이 너무 많아서 집 팔아도 안 되는 거야?"

"예진아. 그런 거 아니야. 그러니까 엄마하고 아빠가 하는 말은 앞으로 더 잘 살아보자는 거야. 사실은 네 엄마가 더 잘 살려고, 그러니까 예진이에게 더 많은 걸 해주고 싶어서 열심히 살기는 했는데 그게 마음처럼 잘 안 됐거든. 그래서 이제부터라도 잘 되도록 엄마 아빠가 예진이와 함께 마음을 합쳐서 노력하자는 거지. 우리 예진이도 많이 컸으니까, 전부 이해하지는 못해도 우리집 경제 사정을 알 필요가 있다고 생각해. 그래서 이렇게 같이 이야기하고 있는 거야. 그런데 아무래도 너무 복잡해서 이해하기가 어렵지? 엄마 아빠가 더 정리를 한 다음에 다시 잘 이야기해줄게."

남편은 애초 문제가 단순하다고 여겨서 예진이를 대화에 끼도록 했지만 결과적으로는 아이에게 혼란만 줄 것이란 생각을 한 것 같다. 예진이는 아빠의 이야기에도 불구하고 얼굴이 어둡다.

"예진아, 잠깐 엄마한테 올래?"

나는 다 큰 예진이를 무릎에 앉혔다. 정말 오랜만에 안아보는 것 같다.

"예진아. 모두 잘 될 거야. 우리 식구, 더 행복하게 살려고 준비하는 거야. 예진이는 걱정할 거 없어. 진짜야. 엄마는 내일이 기대되기까지 하는걸. 그동안 엄마가 우리 예진이에게 너무 무심했지? 언제 이렇게 훌쩍 커버렸니? 앞으로 엄마랑 아빠랑 우리 예진이랑 더 많이 이야기하고 더 재미있게 살자. 엄마가 지금 반성 많이 하고 있어. 그러니까 예진이는 마음 놓아도 돼. 그동안 엄마가 많이 미안해. 앞으로는 말이야. 엄마가 욕심 안 부릴게. 엄마가 우리 예진이 많이 힘들게 했지? 자, 이제 마음 푹 놓고 밖에 나가서 친구들하고 놀아. 놀이터에 가도 좋고 아니면 친구들 하고 찜질방을 가도 좋아. 지난번에 친구들은 일요일에 친구들끼리 찜질방도 놀러가고 그러는데, 너는 공부만 해서 싫다고 한 적 있지? 친구들에게 전화해보고, 같이 놀자고 해."

예진이는 이내 얼굴이 밝아진다. 그러면서도 혹시나 하는 생각이 드는지 다시 한번 확인을 한다.

"진짜로 친구들하고 놀아도 돼? 사실은 오늘 경아 생일이라고 애들이 실내 놀이터 가자고 했거든. 엄마가 허락 안 해줄 것 같아서 애들한테 못 갈 거라고 이야기했는데."

남편은 흐뭇한 표정으로 예진이를 한번 더 안심시킨다.

"이야, 우리 예진이 좋겠네. 오랜만에 엄마한테 정식으로 허락받고 친구들하고 노는 거잖아. 아빠도 축하하는 기분으로 용돈 쏜다. 1,000원, 어때?"

"에이, 아빠 쩨쩨하게 천원이 뭐야? 놀이터는 입장료만 해도 5,000원이 넘는데."

"그래? 근데 그건 너무 비싼 거 아냐? 그리고 너 지난번 할머니한테 받은 용돈도 있잖아."

"그거는 엄마가 내 펀드 통장에 넣었잖아. 그렇지 엄마? 그리고 말 나온 김에 나도 용돈 정해서 주세요. 친구들은 다 그렇게 받는데……. 참, 엄마 아빠 이야기 나누는 중이셨지. 내 용돈 이야기는 다음번에 하기로 하고, 오늘은 아빠가 만원만 쏘면 되겠는데요?"

예진이의 당돌한 말에 남편은 큰 소리로 호탕하게 웃으면서 지갑을 열어 만원을 꺼내주었다. 기분이라고 더 꺼내주려고 했는데 예진이가 만원이면 된다고 오히려 남편의 기분을 제어했다. 정말 돈 좇아다니느라 예진이에게 많이 소홀했나보다. 어느새 너무 많이 커버렸다. 이제 자신의 의견을 똑바로 이야기할 줄도 알고 분위기를 봐가며 자기 주장을 조절할 줄도 아는 것이다. 마음 한구석이 서늘해졌다. 지난 시간 동안 혼자 커버린 아이 생각을 하니 너무 미안했기 때문이다. 어서 빨리 문제를 정리해야겠다는 생각에 마음이 급해졌다.

"그러니까 당신 생각은 빚 정리할 정도만 되는 수준에서 다 팔자는 거지? 그래, 솔직히 4억이 생길 거라고 기대심을 갖고 있다가 그게 무너지니까 조금 서운하기는 한데, 우리 아직 젊은데 뭐가 문제냐. 그보다 이렇게 당신하고 마음이 통하는 게 더 중요하지. 나 사실 새벽에 당신 방에 옮겨 놓고 형님 일기장 읽었거든. 다 읽은 건 아니고 당신이 읽다 펼쳐놓은 것만 봤어. 처남댁이 결혼 전에 형님한테 썼던 편지 같아 보이던데……. 당신 오빠, 진짜 멋진 남자야. 그거 읽고 나 반성 많이 했어. 솔직히 내가 그동안 내 무능함을 인정하기 싫어 우리 마누라를 쩐모양처로 만들었잖아. 형님이 했던 청혼 내용 읽으면서 어찌나 부끄러워지던지, 난 당신에게 그렇게 마음에서 우러나는 말을 해본 적이 없었던 것 같아. 형님이 꿈꾸는 부자 말이야. 이제와 생각해보니 그게 정말 제대로 된 부자인 것 같아. 마음 편한 게 최곤데 말이지. 허황된 것 꿈꾸느라 매일 더 힘들게 살잖아. 그저 우리에게 주어진 것에 감사하며 살아도 모자랄 판에 괜히 주위에 휩쓸리고 부러워하고 쫓아다니고, 그러느라 우리 생활이 이렇게 힘드니……. 있잖아. 내가 왜 처음에 이야기했던 김대리. 당신 기억나?"

 기억 못할 리가 없다. 처음으로 내 존재에 대해 초라함을 느끼도록 날 자극했던 이야기였으니. 그런데 남편이 다시 그 이야기를 꺼내니 기분이 나빠지려고 한다.
 "그 재테크 귀재를 부인으로 두었다는 사람이잖아. 갑자기 잘 나가다가 그 이야기는 또 왜?"
 "아니 글쎄, 김대리네 크게 망했거든. 몇 채인지 알 수도 없는 부동산들은 전부 경매에 내놓은 상태인가 봐. 김대리가 그동안 골프니 뭐니 하고 다닌 것도 집값 오르는 것만 믿고 정신없이 빚으로 돌려가며 했다는데, 최근에 종부세 엄청 나왔다고 하더라고. 빚도 문제고 세금도 문제고. 그래서 팔려고 내놓았는데 팔리지는 않고 매일 부부싸움 하다가 부인이 약까지 먹었대. 그래서 문제를 처리해볼 정신도 없는데 대출 이자가 계속 연체됐나 봐. 우리처럼 조금 더 일찍 얽힌 문제를 풀었어야 하는데 조금만 더 조금만 더, 그런 식으로 해결을 미루다가 결국 경매까지 넘어간 거지. 뭐 펀드 자산도 꽤 된다고, 억대라고 하더니 그것도 말

만 그렇지 중간 중간 이자 내고 세금 내느라 많이 팔아치워서 빚만 엄청나다고 하더라고. 한마디로 불씨가 번져서 불이나 버린 거야. 불이 나고 보니 모두 잿더미인거지. 허망하게시리……. 직장에서도 나이나 직급에 비해 너무 허세부리고 다닌다고 사람들에게 밉상이 박혀서 진급도 안 되고, 위에서도 곱게는 안 보는데 어쩌려고 그러는지 이제는 좀 안됐다고 이야기하는 사람까지 있는 분위기야."

남편의 이야기에 공포심과 안도감이 교차한다. 이제라도 정신을 차리지 않았다면 조만간 일어날 내 이야기가 아닌가. 순간, 잘못되었을지도 모를 미래에 대한 섬뜩한 생각과 동시에 오빠와 소방관 덕에 이렇게 뒤늦게라도 정신 차릴 수 있게 된 것이 너무나 감사해졌다.

"자, 남 이야기는 그만하고 우리 문제를 잘 풀어야지. 우리도 아직 다 불씨를 완전히 잡은 게 아니잖아. 소방관이 내준 숙제 제대로 하자. 물론 아까도 이야기했지만 결론은 정해졌어. 당신도 오빠 일기 시간나면 찬찬히 읽어봐. 어제는 솔직히 창피해서 당신에게 읽으라고 못했는데 읽을 필요가 있어. 내 결론은 오빠 일기 읽으면서 정해졌어. 말끔히 정리하고 새로 시작하자. 잃을 것을 아까워하면 새로운 시작은 절대 불가능해지잖아. 어떻게 보면 모든 차익을 다 포기하는 건 당신보다 내가 더 아까운 일이지만 그래도 각오하고 다 정리할래. 정말 딱 빚만 안 남으면 돼. 그 심정으로 정리를 해보자."

그동안 겉으로 보이는 것에 너무 속아 살아온 것이 분명하다. 남편이 막연히 가졌던 것 같은 기대심은 내게도 있었다. 한마디로 많은 변수들을 다 제외하고 그저 막연히 뭐 빼기 뭐 식으로 낙관에 기댄 '시가로 계산한 총 자산' 빼기 '부채'를 한 것이다. 그러니 우리집 대차대조표상 순 자산은 언제나 몇 억 이상일 수밖에 없었다. 남편이 몇 년을 일해도 그런 자산은 만들기 어렵다. 그런 우쭐함과 자만심으로 집에 불씨가 번지고 있는 것을 애써 외면하고 살아왔다. 그러나 그것은 분명 막연한 기대심일 뿐 치밀하게 제대로 따져보았을 때 현실은 그렇지 않다는 것을 간과했던 것이다.

나는 재테크를 한다고 잘난 체하면서 정작 제대로 하지는 못했던 것이다. 결과적으로 수익을 실현하기 위해서는 앞뒤가 분명해야 하는데 나는 보이는 자산가치만 믿었을 뿐 그 자산을 유지하기 위해 소요되는 비용과 자산을 불리기 위해 얻는 부채로 인해 까먹는 기회비용, 정작 차익을 실현할 당시에 발생할 수 있는 자산가치의 하락은 철저히 외면한 것이다. 그저 오르는 것만 생각했다. 실제로 내 손에 쥐어지는 것이 아님에도 언제, 어떻게 쥐어질지 모르는 불확실한 것에 흥분하고 들떠 있었다. 세상은 정말 만만한 것이 아닌데 나는 자만심과 허영심으로 세상을 쉽게 판단했던 것이다.

"이제부터 기대심은 배제하고 대차대조를 냉정하게 정리해야 해. 당신도 서운하고 나도 실망스럽지만 거기서부터 다시 시작해야지. 총 자산 평가액이 우리 기대대로라면 8억도 넘고 9억도 넘을 수 있지. 그런데 그건 말 그대로 낙관이야. 거기서 최악의 경우를 가정하면서 조금씩 거품을 빼고 계산해야 할 거야. 사는 집은 자산에서 제외하자. 그것도 끼기 시작하면 숫자에 다시 한번 놀아날 수 있어. 이사 갈 일산 집 빼고 이 집과 오피스텔의 현실적인 거래 가격을 따져보자고. 나도 내 부동산 투자에 대한 헛된 기대 때문에 귀 막고 눈 막고 사느라 솔직히 부동산 시장이 안 좋은 거 유심히 따져보지 않았는데, 언뜻 들으니 거래도 거의 없나봐. 아마 제때 팔려면 최대한 가격을 낮춰야 할 거야. 그래도 경매보다는 나을 수 있으니까, 이달 안에 팔 수 있게 급매로 내놓았으면 해. 그렇다면 지금 이 집도 주변 시세보다 많이 싸게 내놓아야겠지? 우리가 처음 이 집을 그 당시 거의 찾아보기 힘들었던 급매로 잡아 산 가격이 2억 8,000만원. 발품 팔아 급매 잡았다고 엄청 좋아했었는데……. 지금까지 이자 부담한 것 감안해서 3억 8,000만원 정도면 좋겠어. 물론 더 내려갈 수도 있고, 그럼 자연스럽게 양도소득세를 줄이니까 그렇게 아까워할 것 없다고 생각하자. 다음은 오피스텔인데 계약금 포기한 가격에도 안 된다니까 그보다 싸야겠지? 최대 5,000만원 손해 볼래. 만약 이 가격에도 안 된다면 공매로 처분하는 것도 방법이고, 중요한 건 빚 4억 3,000만원 갚고 5,000만원 남는 건데 세금내고 할부금 잔액 500만원 정도 되는 것 갚으면 이사비도 빠듯하게 남는다고 봐야겠다."

남편은 아까와는 달리 덤덤하게 들으면서 소방관이 준 서류에 꼼꼼히 기록한다. 기록을 하면서 뭔가 생각을 하는 것 같더니 계산기를 두드린다.

"이런 생각 안하려고 하는데 자꾸 허무해져서……. 내가 번 돈의 총액을 따져봤거든. 지금까지 내가 번 돈의 총액 자체가 얼마 안 되네. 계산해보니 연봉 평균을 3,000만원이라고 잡고 4억 정도 번 셈이거든. 2억 5,000만원짜리 집 샀다고 가정하고 그간 우리 가족이 생활하느라 연간 2,000만원씩 썼다고 생각하면 딱

아내의 대차대조표

자산		부채	
금융자산	760	주택담보대출	30,000
펀드자산	760	회사대출	2,000
	평가액 하락중	마이너스통장	3,000
		월세보증금	1,000
부동산자산	53,000	퇴직금 담보대출	2,000
일산아파트	거주용 자산제외	보험 약관대출	1,000
거주아파트	38,000 ~ 35,000	지인 대출	5,000
오피스텔	15,000 ~ 10,000	세금 및 비용	1,000
자산 계	53,760	**부채 계**	45,000
		순자산	8,760

내가 번 돈 정도 되는 것 같아. 손해 본 게 없는 거지. 게다가 최근 몇 년은 당신 덕에 연간 생활비를 2,000만원도 더 썼으니까, 너무 억울해할 건 없겠다."

그렇다. 번 돈과 쓴 돈도 비교할 필요가 있다. 지금까지 번 돈의 총액, 지출해온 돈의 총액, 나머지가 빚이어야 하는데 그나마 운이 좋았던 탓에 아등바등했던 결과로 빚은 없앨 수 있으니 천만 다행이다. 물론 지금 세우고 있는 계획대로 된다는 가정하에서이지만 말이다.

허탈하다고 생각하기 전에 지금까지 내가 허상에 기대 아슬아슬 살았다는 것을 반성할 필요가 있다. 인생을 운에 걸고 도박하듯 살아온 곡예 같은 시간이 이제 곧 끝난다고 생각하니 마음이 홀가분해진다. 남편과도 싸움 없이 대화해본 게 얼마만인지, 대박 수익에 대한 기대만 잃었을 뿐 얻은 것이 더 많다. 갑자기 지난날의 내 모습이 떠올라 웃음이 나왔다.

"정말 너무 재밌어. 그동안 어떻게 이러고 살아왔지? 여보, 있잖아. 내가 미쳤었나봐. 아니 잠시 꿈을 꾼 것 같기도 해. 웬만해서는 깨어나지 못하는 지독한 수면병에 걸렸었던 게 아닐까? 아주 나쁜 꿈을 꾼 것 같아. 근데 이렇게 과거를 털고 있는 우리, 나름대로 재미있어. 당신은 그렇지 않아? 세상에 얼마나 웃기니? 똑똑한 척 다하고 심지어 재테크 책 내라는 주위 권유에 나

아주 심각하게 생각해보기까지 했었잖아. 당신 몰랐지?"

"뭐? 책? 이야, 진짜 당신 그런 제안도 받았었어? 왜, 한번 써보지 그랬어? 우리 마누라 책도 썼다고 내가 동네방네 자랑하고 다녔을 텐데."

"여보세요. 신랑님, 정신 차리세요. 내가 그때 그 황당한 책까지 냈으면 지금 뭐가 됐겠니? 이것 봐. 제대로 따져 더하기 빼기만 해도 손에 쥘 돈이 없는 것뿐 아니라 그간 시간만 열심히 까먹은 거잖아. 물론 덕분에 이것저것 다양한 경험도 많이 한 건 사실이지만, 굳이 살면서 꼭 해야 하는 경험들은 아니었던 것 같은데, 그러느라 시간이랑 돈 열심히 까먹은 걸 책까지 써서 광고하게? 나 이렇게 황당하게 삽니다 하고?"

"왜 또 알아? 책이 베스트셀러 돼서 그걸로 큰돈 벌었을지? 재테크 책들이 그렇다며, 하하하."

나는 기가 막히다는 표정으로 남편에게 눈을 잠시 흘리고는 따라 크게 웃었다.

마음이 이루 말로 할 수 없을 정도로 벅차오른다. 이 편안한 행복, 거리낌 없는 여유, 얼마나 오랜만인지 모르겠다. 막연한 허상에서 벗어나면서 잠시 가졌던 허탈함은 이미 온데간데없다. 그 불완전한 행복을 유지하느라 지치고 힘들었던 걸 생각하면 지금 이렇게 남편과 편하게 웃는 시간은 천금과 같다. 돈으로 살 수 없는 귀한 것을 우리는 왜 잊어버리고 살아왔던 걸까?

나만 손해 보는 기분

최근에는 재테크의 유행으로 주위에서
부동산으로 주식으로 돈 벌었다는 이야기를 자주 듣는다.
막연한 불안함은 주위의 재테크 성공담에 의해 더욱 증폭되고
'나만 가만히 앉아서 가난해지는 것은 아닌가' 하는 소외감까지 갖게 한다.
경우에 따라서는 뒤늦게 투자에 나서는 무모함을 낳기도 한다.
시작은 했지만 특별히 쌓아놓고 있는 돈이 없어
결국 마이너스 통장과 퇴직금 중간정산, 각종 담보대출 등에 손을 대게 하는 것이다.
결국 실패의 위험만 증가시켜 가만히 있는 것만 못한 상황에 내몰리게 되기도 한다.
이런 막연한 불안함을 해소하기 위해
늘 우리 가정의 돈이 어떻게 흘러 다니는지 파악하는 것이 필요하다.
미래 가족의 행복을 위해 필요한 돈이 얼마인지
구체적으로 따져보고 계획하는 것 또한 중요하다.
가계부는 이렇게 가계 재무의 탄탄한 계획을 수립해
막연한 두려움, 소외감을 극복하는 데 중요한 도구이다.

군살을 빼고 가벼워져라

정말 사람들 대단해. 어떻게 그 돈으로 살지?
하긴 생각해보면 당신 재테크하기 전에는 이 돈으로 빚도 갚고 저축도 했잖아.
아니지, 지금 내 월급보다 훨씬 적은 돈으로 그렇게 살았지.

이제 우리 가정 경제 현실을 냉정하게 대차대조 해보았으니 다음은 우리가 어떻게 돈을 쓰고 사는지만 정리하면 된다. 정말 이 부분은 두려움이 크게 앞선다. 얼마나 엉망으로 살고 있는지 여실히 보여줄 대목이기 때문이다. 하지만 나는 대차대조표를 정리할 때와 마찬가지로 피해가지 말자고 다짐해본다.

살짝 이제 좀 귀찮다는 표정을 짓는 것을 보니 남편은 부동산을 정리하기로 한 걸로 문제가 다 풀렸다는 생각인 것 같다. 그냥 혼자 정리해볼까도 했지만 남편도 우리집 경제에 구멍 나는 데 큰 몫을 담당하고 있으니 함께 심각성을 자각할 필요가 있다고 생각했다.

"자. 여보, 이제 조금 남았어. 이거 피하지 말고 귀찮아하지도 말고 같이 정리해보자. 지금까지 우리 당신 번 돈 거의 남김없이 다 쓰고 살아 온지 꽤 되는 거 알지? 물론 빚 갚느라 쓸 돈도 없었다고 여길지 모르지만 솔직히 3억의 부채 중 절반은 일산 아파트에서 나오는 월세로 해결해왔어. 나머지 1억 5,000만원에 대한 이자 80만원만 당신 월급에서 갚아왔거든. 당신 연봉이 5,000만원 정도 되니까, 매월 400만원 정도 된다고 치고, 나머지 320만원은 전부 소비해온 거지. 그런데 그게 모자라서 마이너스 통장이 바닥난 거잖아. 연간 5,000만원하고도 3,000만원을 더 쓴 거야. 자, 계산기 가지고 잘 두드려보자. 도대체 어디에다 우리가 그렇게 정신없이 돈을 쓰며 살아왔는지 따져봐야지."

이렇게 말은 했지만 사실 소방관이 쓰라고 준 서류를 보니 아득해졌다. 기입해야 할 항목만 얼핏 보아 50가지가 넘는 것 같다. 남편도 그 종류와 칸에 먼저 질린 것 같다.

"이거 보니 정말 굉장하다. 그러니까 우리가 이렇게 평소 많은 종류의 돈을 쓰고 산다는 거지? 그런데 참, 당신 예전에는 가계부도 쓰고 그러지 않았나? 그때 솔직히 당신 가계부 쓰는 모습 보기 참 좋았는데, 이제 와서 말이지만 당신 가계부 쓰는 모습 무지 예뻤었어. 우리 어머니 잘 알잖아. 아버지하고 같이 장사하면서 워낙 험하게 사신 탓에 남자인지 여자인지 잘 모를 정도로 괄괄하신 거. 가계부 같은 건 오히려 아버지가 대충 기록하고 사셨어. 장사 수완도 어머니가 더 뛰어나셨고. 그런 어머니가 싫은 것은 아니지만 그냥 그런 거 있잖아. 남자들의 쓸데없는 로망 같은 거. 가계부 쓰는 아내, 뜨뜻한 밥 차려주는 아내, 부엌에서 앞치마 두른 아내, 이제 생각해보니 나의 그런 로망만 당신에게 강요하고 살아왔나보다. 소방관하고 부엌에서 함께 식사 준비할 때 당신 보니까 어찌나 좋아하던지, 이렇게 사소한 걸 내 쓸데없는 로망인지 뭔지 때문에 해주지 못해서 그동안 당신이 얼마나 지겹고 힘들었을까 반성했어. 소방관 말대로 별거 아닌 거 못해주고 내 환상만 채우고 사느라 우리 괜한 비용 많이 썼잖아. 돈 버리고 에너지 버리고 시간 버리고.

설거지도 그렇게 즐겁게 해보니까 재밌더라고. 어릴 때 하도 설거지를 해서 주부 습진까지 걸린 기억 탓에 정말 부엌 근처에도 가기 싫었거든. 그런데 그날, 그렇게 싫어하는 걸 당신이 매일 하면서 얼마나 힘들까를 한 번도 생각해보지 않은 내가 좀 너무했다 싶더라고. 혼자 하면 힘들고 같이 하면 별거 아닌데, 그치?

형님 가계부 일기 보고 생각한 건데, 우리도 앞으로 가계부

같이 써보는 건 어떨까? 남자가 가계부 쓰는 거 나쁘지는 않지만, 솔직히 나는 혼자 쓸 자신은 없거든."

기적을 보는 것 같았다. 우리 남편에게 이런 속 깊은 자상함이 숨어 있을 줄은 몰랐다. 그리고 어릴 적부터 집에서 동생 돌보느라 고생한 건 알았지만 주부 습진까지 걸릴 정도였다니, 이 사람도 자존심 때문에 자기 이야기를 드문드문 했었나 보다. 우리는 너무 어린 나이에 감정에 이끌려 정신없이 결혼하고 바쁘게 살아오기만 했다. 서로의 과거와 오늘, 미래까지 격없이 털어내면서 함께 사는 동지로 서로 위로하고 격려하면서 살아오지 못한 것이다. 쓸데없는 환상과 이유 없는 실망, 유치한 자존심에 피해의식까지 정말 잡다한 것에 서로 너무 상처 내고 살아오기 바빴던 것 같다.

"함께 가계부를 쓴다? 이야, 우리 신랑에게 이렇게 멋진 모습 있는지 몰랐네. 좋았어! 그래도 내가 경험이 있고, 엉터리 재테크 공부이긴 하지만 간혹 쓸 만한 내용도 있었거든. 그거 응용 잘 해서 기본 가닥은 잡을 테니까 당신은 늘 공유하고 우리 오빠처럼 이야기 덧붙이면서 그렇게 우리 부부 가계부 만들어보자. 너무 멋진데! 호호호. 그런데 그건 그렇고 그 전에 우리 숙제는 마저 해야겠지."

다시 숙제로 눈을 돌렸다. 우선 쉬운 것부터 적어봐야겠다는 생각이 들었다. 관리비, 금융비용, 할부금까지는 그런대로 쉽게 적어넣었다. 전기세나 수도세 같은 공과금은 관리비에 따라 붙으니 별도로 적을 필요는 없는데, 쓰레기봉투비, 정수기나 비데 임대료는 따로 적어넣었다. 평소 생각 없이 쓰는 작은 지출들을 적어놓고 합해보니 만만치 않은 돈이다. 관리비는 25만원, 각종 임대료나 소비성 지출로 15만원 가량이 드는 것 같다.

하나하나는 몇 만원에 지나지 않은 것들이 순식간에 몇 십만원으로 불어난다. 식비는 일주일에 한번 마트에 가서 몰아서 장을 보니까 그걸로 추산하면 되겠다. 그런데 그렇게 추산하려니 기가 막힌다. 매주 장을 볼 때는 건건이 생각 없이 쓰면서 10~20만원 정도는 우습게 카드를 긁었었는데, 매주 한 달에 최소 네 번 이상은 가니까 적게 쓸 때는 50만원, 많이 쓸 때는 100만원이 넘는 돈을 썼던 것이다. 물론 그 비용에 의류비가 포함될 때도 있고 생활용품비가 합산될 때도 있다. 그러나 의류비는 그것 말고도 따로 백화점 세일이나 홈쇼핑으로도 구매를 하고 있었다. 식비만 치면 대충 70만원 정도가 맞을 것 같다.

이렇게 먹을 것을 사기 위해 많은 돈을 쓰면서도 여전히 주말이면 귀찮아서 외식하는 횟수가 많다. 어느 순간부터 식구 모두 미식가가 되어버려서 맛집 찾아다니는 취미까지 길렀고, 매주 적어도 외식 한 번에 간혹 기분 내키면 토요일 일요일 숙박까지 하는 여행을 질러대기도 했다. 음식 값만이 아니라 차비에 경비까지 들었던 걸 감안하면 실로 엄청나다. 계획 없이 떠나는 여행이다 보니 가면서 시행착오도 많았고 그 와중에 기분전환은 커녕 사소한 말다툼으로 돌아올 때쯤엔 서로 얼굴이 부어 있기도 했다. 그리고선 몇 주만 지나면 또 아메바처럼 모든 기억을 지워버리고 다시 잘못된 행동을 반복했던 것이다. 대략 주마다 평균 20만원쯤은 써왔나보다.

카드 명세서를 꺼내보니 교통비도 월 평균 50만원이 넘는다. 유류비를 아끼겠다고 지난 해 SUV차량으로 교체했는데 최근 경유 값이 크게 올라 교통비가 굉장하다. 거기에 남편이 술 마시고 대리 운전으로 오는 날이 주 평균 2회는 되니 그 돈도 10만원 추가된다. 여기까지 쓰고도 벌써 140만원이 넘는 돈이 빠져나가고 있다. 통신비도 그저 핸드폰 비용만 생각했는데 유선 전화에 인터넷과 케이블까지 따지니 30만원 가까이 된다. 점점 지출 내역 적는 손에 긴장감이 더해 간다.

갑자기 짜증이 났다. 정말 도대체 어떻게 하고 살아왔는지 한심하기 짝이 없다. 예진이 교육비는 적지도 않았는데 벌써 200만원이 다되어 간다. 예진이 교육비만 150만원인데 보험료에 이자, 할부금까지……. 도대체 답이 없어 보인다.

얼핏 추산해 보니 400만원 갖고는 턱도 없다. 그러니 통장에 마이너스가 하루가 다르게 깊어질 수밖에. 나는 절반도 채 못 쓰고 한숨을 쉬며 펜을 놓아 버렸다.

남편도 안색이 점점 안 좋아진다. 서로의 은근한 짜증에 피곤해지기 시작한 것이다. 나는 나대로 괜히 차는 바꿔가지고 그것만 아니었어도 하는 생각을 속으로 하고 있고 남편도 아마 예진이 교육비에 잔소리가 목까지 차오른 것 같다.

"여보, 우리 이건 소방관에게 도움을 청하자. 그 분이 그랬잖아. 억지로 하지 말라고, 솔직히 겨우 반밖에 기입 안 했는데 벌써 당신 월급 바닥났어. 어림잡아보니 당신 용돈과 내 용돈, 당신 술값하고 보험료 할부금, 이자 쓰고 나면 600만원 이상 될 것 같아. 당신 나한테 잔소리하고 싶은 거 억지로 참고 있는 거 알거든, 물로 나도 당신에게 퍼부을 것 투성이야. 그러니 우리 서로 상처 내는 짓 그만두고 제대로 상담 받자. 여기까지만 해도 대충 우리집 사정 다 나왔잖아. 빚 없애고 할부금 없애버려도 이건 답이 없어.

내 머릿속에는 이러니 재테크에 미치지 하는 생각이 다시 고개를 들고 있어. 부동산 같이 한방이 아니면 이게 해결되겠어 하고 말이야. 이건 아니잖아. 다 털어버리고 나면 오로지 당신 월급 가지고 생활하고 교육비 쓰고 거기에 저축까지 하고 살아야 하는데, 정말 맞벌이라도 당장 시작하든가 해야지. 난 도저히 자신이 없다. 그런데 당신 월급이 적은 편은 아니잖아. 당신보다 더 적게 버는 사람도 많을 텐데, 도대체 그 사람들은 어떻게 쓰고 사는 거지?"

나는 싸움을 피하려고 슬쩍 남편을 띄웠다. 남편은 그 얕은 전략에 순진하게 넘어간다. 좀 전까지만 해도 불편했던 얼굴이 펴지며 내 말에 동의한다는 기색이다.

"그래, 정말 사람들 대단해. 아니 솔직히 이해가 안 돼. 어떻게 그 돈으로 살지? 하긴 생각해보면 당신 재테크하기 전에는 이 돈으로 빚도 갚고 저축도 했잖아. 아니지, 지금 내 월급보다 훨씬 적은 돈으로 그렇게 살았지. 그때는 몰랐는데 정말 당신 대견하다. 상 줘야 돼. 그때 그런 당신에게 매일 절하면서 살았어야 하는데."

나는 갑자기 웃음이 터져버렸다. 너무 재미있지 않은가, 이렇게 서로에 대해 상처가 아닌 아낌없는 칭찬으로도 얼마든지 상대가 뭘 잘못하고 있는지 전할 수 있는 것이다.

우리는 서로를 어린아이 다루듯 하고 있다. 게다가 이런 서로의 속을 빤히 들여다보면서 적당히 속아주고도 기분이 좋아진다. 갑작스런 나의 웃음에 남편은 다소 당황하는가 싶더니 이내 내 웃음의 정체를 알았는지 멋쩍게 따라 웃는다.

"미안해 여보, 그냥 당신이 너무 귀여워서. 우리 신랑 이제

보니 재치 덩어리네. 암튼 오늘은 여기까지 어때? 내일 저녁에 소방관이 다시 방문한다고 했으니까 그때 어떻게 이 소비의 불씨들을 끄는지 그 사람 실력을 믿어보자."

남편은 기다렸다는 듯이 자리에서 일어난다.

"좋았어. 그리고 오늘 점심은 내가 당신 위해 준비할게. 어때? 맛있는 라~면!"

우리는 함께 라면을 먹으면서 이런저런 이야기를 나누었다. 그러나 여전히 마음 한구석에 그동안 쓰고 살았던 돈에 대한 불안들이 남아 있었는지 불쑥불쑥 소비 이야기가 나왔다. 가급적 가볍게 풀면서 싸움을 피하려 하기는 하지만 아직은 가벼움에 익숙하지가 않다.

'그런데 당신 혹시 차 팔 생각 없어?' 라는 이야기를 꺼냈다가 무거운 침묵이 이어지고, '당신 이번에는 예진이 학원 확실히 줄이기다!' 라는 남편의 반격을 접해야 했다.

'이참에 술하고 담배 좀 끊으면 어떠실까?' 에 '당신은 왜 집에서 그렇게 핸드폰을 많이 쓰는데? 거의 사업가야 사업가, 참 재테크 사업가셨었지' 라는 말로 속을 긁는다.

'당신 친구들에게 들어준 보험, 이번에 제대로 줄이자' 하고 던지니 '정수기나 비데는 꼭 있어야 하나?' 하고 돌아온다.

나는 갑자기 라면 먹던 젓가락을 멈추었다. 남편은 처음에는 얄미울 정도로 모른 척하더니 정적이 오래 지나니까 안되겠다 싶었나보다.

"아, 장난이야 장난. 당신, 장난에 왜 갑자기 심각해지는 건데. 소방관도 그랬잖아. 너무 무거워지지 말라고! 이야, 난 그 말 정말 맘에 들더라. 당신은 다 좋은데 너무 자주 무거워져. 그러지마. 아니 내가 잘못했어. 당신 예민한 거 뻔히 알면서 너무 약 올렸지? 미안, 하하."

순간 내 모습이 유치해 보이기 시작했다. 전 같으면 이런 내 모습의 발견은 화로 번졌을 것이다. 그러나 남편이 이렇게 너스레를 떠는 것도 일종의 노력이라는 걸 알기 때문에 나도 그냥 웃음으로 마무리했다.

가벼워진다는 것은 문제 해결에 대단히 좋은 방법이다. 하지만 그동안 쌓인 오해와 불신의 무게 때문에 가벼워지는 것 자체가 쉽지는 않다. 오랫동안 과식을 통해 불어난 군살을 빼는 것만큼 어렵다고 할까. 어제 오늘 몇 년치의 에너지를 써가며 어렵게 다이어트 했는데 자칫 잘못하면 요요 현상이 일어날 수 있다. 나는 어제 오늘 가슴에 쌓인 상처와 자기혐오, 오만에 직접 눈을 맞추고 달라지기로 결심했다. 쉽게 어리석은 나로 돌아갈 수는 없다. 이 정도 어려움은 우리가 행복해지기 위해 치러야 할 아주 작은 대가일 뿐이다. 내 웃음에는 그런 의지가 분명하게 담겨 있었다. 나와 남편의 그 의지 덕에 자칫 불편한 말싸움으로 번질 수 있었던 하루가 무사히 지나갔다. 오랜만에 친구들과 실컷 놀고 온 예진이의 활기도 우리의 의지를 더욱 굳게 했다. 예진이는 놀러 다녀온 후 줄곧 나와 남편을 쫓아다니며 하루종일 있었던 일들에 대해 수다를 늘어놓았다. 그렇게 생기 넘치는 예진이를 실로 오랜만에 본 것 같다. 아니 거의 처음 본 것 같은 생각도 들어 마음 한구석이 저려왔다. 내가 그동안 아이에게 무엇을 빼앗아왔는지 이제야 또렷이 보인다. 아이는 너무 쉽게 제 것을 찾아가고 있는 것 같다. 그래서 정말 다행이다.

신용카드에 속고 또 속고

우리는 치사한 신용카드의 속성을 너무 잘 안다.
실수로 소액을 연체했을 때 걸려오는 독촉전화의 매정함에
당황해본 경험은 한두 번씩 있을 것이다.
그러나 우리는 또다시 그 달콤한 유혹에 너무 쉽게 빠져든다.
한달 내내 뼈 빠지게 일해 번 돈이 고스란히 카드대금으로 결제되고
남는 돈이 없어 다시 신용카드에 내맡기는 생활이 반복된다.
미래의 풍요를 위해 오늘 내 돈을 차곡차곡 불려 나가도 모자랄 판에
저축은커녕 미리 다 써버리고, 결국은 카드 대금을 갚기 위해 일하는 꼴이 된다.
이렇게 되면 신용카드 대금 때문에 잠시 일을 쉴 수도 없고
소득이 감소해서도 안 되는 위태로운 상태가 된다.
분명히 우리는 이러한 신용카드의 폐해를 잘 안다.
그럼에도 불구하고 소득공제, 마일리지, 포인트 누적, 캐쉬백 등의
아주 작은 미끼들에 너무 쉽게 속아 넘어간다.
결국 미래의 풍요를 신용카드에 내주고 작은 혜택들로 위안을 삼는 것이다.

잡동사니 소비의 함정

사실 요즘은 많은 사람들이 돈을 필요 이상으로 많이 쓰고 살거든요.
얼마를 벌든 계획하지 않고, 지출에 원칙을 세워 놓지 않은 채
돈을 쓰기 때문에 넘치는 소비를 하게 되는 겁니다.

다음날 저녁, 남편이 먼저 집에 도착했다. 저녁 식사 전에 귀가한 남편을 얼마 만에 보는지 모르겠다. 야근을 해야 했지만 집에 급한 사정이 있다고 둘러대고 왔다는 남편. 아마도 오랜만의 이른 귀가가 멋쩍어 댄 핑계일 것이다. 7시가 조금 넘자 소방관이 도착했다. 숙제 잘 해놓고 선생님께 상 받을 생각에 들뜬 학생마냥 이틀 만에 보는 그의 얼굴이 무척이나 반갑다.

지난번 결례도 있고 해서 이번에는 미리 저녁을 준비해놓았다. 메뉴는 김밥과 야채 주먹밥, 그리고 일본식 된장찌개로 간단하지만 든든한 저녁이 되도록 했다. 남편도 소방관도 모두 만족

스러워했다. 예진이도 집에서 김밥과 주먹밥을 먹으니 소풍 기분이 난다며 좋아하는 걸 보니 내 마음이 더 기쁘다. 즐거운 식사 덕분인지 설거지는 아빠와 자신이 하겠다며 엄마와 손님은 거실에서 차를 마시면서 기다려달라는 대견한 말도 한다.

나는 소방관 앞에서 '우리가 꼭 잘못 살기만 하는 것은 아니죠?' 하는 으쓱한 기분이 들었다. 거실로 나와 앉으면서 소방관은 대단히 흐뭇한 표정을 지으면서 말을 꺼낸다.

"제가 없는 동안 이미 제가 해야 할 일의 상당 부분을 가족분들끼리 해놓으신 것 같아 불안한데요. 제가 불을 꺼드려야 하는데 왠지 제 할 일이 없어진 게 아닌가 싶어서요, 하하. 보지 않아도 숙제를 아주 훌륭하게 해놓으셨다는 느낌이 확 듭니다. 그래도 제가 오늘 여기까지 온 보람은 있어야 하니까, 숙제 점검 해야겠죠?"

소방관의 말을 들으니 정말 벌써부터 상을 받는 기분이다. 그러나 100점짜리 숙제라고 자신할 수만은 없다. 지출 내역 정리 하는 부분에서 소방관 몫으로 남겨둔 것이 있기 때문이다.

"글쎄요, 100점은 아니라도 80점 이상은 받지 않을까 싶은데요. 최대한 냉철하게 정리해본다고 하긴 했는데……. 여기 있습니다. 그런데 정말 말씀해주신 대로 지출 내역을 적는 부분에서는 답이 안 나오더군요. 잠시 그 부분에서 그간 우리가 벌여온 쓸데없는 전쟁을 또 치를 뻔했어요. 뭐, 그래도 덕분에 즐겁게 숙제했습니다."

나는 우선 소방관에게 우리가 정리한 대차대조표를 설명해주었다. 물론 앞으로 자산 부채 구조조정을 냉정하게 진행할 계획이라는 것도 덧붙였다. 소방관은 우리가 정리한 내용들을 꼼꼼히 살펴보며 입가에 웃음을 띤다.

"아무래도 제가 오늘 온 목적의 상당 부분이 이미 사라져버린 것 같네요. 솔직히 가장 어려운 불씨가 그동안의 욕심을 버리는 것이거든요. 다 버리지 않으면 불씨 잡기가 여간 힘든 게 아닌데 두 분은 벌써 이렇게 훌륭하게 마무리까지 하셨네요. 이거 제가 김정수 씨에게 상담료 받은 것에 얼굴을 못 들게 생겼는데요."

오빠 이야기가 나오니 나는 갑자기 소방관이 오빠와 구체적으로 어떤 사이인지 궁금해졌다.

"그런데 정말 오빠하고는 어떻게 알게 된 사이인가요?"

이 질문에 소방관은 숙제를 살피던 눈을 들어 나를 본다. 이미 예상했던 질문이라는 표정이다.

"김미연 씨, 오빠가 쓴 일기 가계부 읽어보셨죠? 아마 거기 제 아버지 이야기가 나올 겁니다. 제 아버지이기도 하고 김정수 씨에겐 큰아버지이기도 한 분이죠. 그러니까 김정수 씨는 저의 사촌 형님 같은 분이라고 할까요?"

"아······."

나는 갑자기 소방관이 더 가깝게 느껴졌다. 우리 오빠에게 든든한 정신적 후원자이셨던 분, 나보다 더 아빠를 그리워했을 오빠에게 아버지 역할을 해준 그 고마운 분의 아들이었던 것이다. 남편도 예진이와 함께 과일을 준비해 나오다가 우리의 대화를 들었나보다.

"그러니까 소방관님이 우리 형님 큰아버지의 아들? 이거 계보가 이상하게 들리는데, 아무튼 너무 반갑습니다. 이거 처음부터 제대로 알아보지 못하고 혹 결례한 건 없는지 모르겠습니다. 어제 저녁 이 사람 먼저 잠들고 나서 형님 일기를 밤새 읽었거든요. 솔직히 형님이 부럽기까지 하던데요. 그렇게 좋은 분과 인연이 맺어져서 지금도 너무 훌륭하게 사시잖아요. 그런 인연이었구나. 암튼 우리집도 형님 사촌 동생에게 덕 좀 톡톡히 봐야겠습니다. 하하."

아직 남아 있는 숙제가 있지만 오빠에게 좋은 인연이었던 사람이 다시 우리에게 고마운 인연으로 미래의 희망을 품게 해주니 얼마나 감사한지 모르겠다.

"이렇게까지 반겨주실 줄은 몰랐는데요. 김정수 형님이 이 사실을 빨리 전해 들어야할 텐데, 그 양반 제가 그렇게 안심하라고, 김미연 씨 댁에는 앞으로 웃을 일만 남았다고 하는데도 여전히 좌불안석입니다. 하여간 다른 일에는 그렇게 대범한 양반이 동생 일에는 왜 그리 소심한지, 김미연 씨가 무서운가 봐요. 제가 봤을 때는 무서워할 것 하나 없는데 말이죠. 이 집 불씨 끄고 나면 두 오누이 사이에 생긴 불필요한 불씨도 제대로 꺼야겠습니다. 물론 그 때는 제가 나서지 않을 거예요. 그건 두 분이 직접 해결하셔야 합니다. 아셨죠?

자, 이틀 동안 두 분이 하신 숙제. 대차대조표 정리는 너무 훌륭하게 하셔서 더 해드릴 것이 없습니다. 다만 지출 내역 정리하고 다시 그것들을 조절하는 과정에서 조금 더 세부적으로 결정하고 조절할 것들만 정하면 될 것 같아요. 우선 지출 내역 정리를 적극적으로 도와 드려야 할 것 같은데요. 제 입장에서는 제가 할 일이 남아 있어 정말 다행입니다."

소방관은 유쾌하고 즐거운 사람이면서 동시에 일에는 은근히 냉철한 구석이 있다. 이내 진지한 표정으로 돌아와 우리집 지출 내역을 꼼꼼히 살핀다. 사실 처음에는 제대로 적으려고 애썼지만 중반 이후부터는 대충 대충 적어놓아서 별로 들여다볼 것도 없는데…….

그럼에도 한참을 들여다보더니 펜을 꺼내 적을 준비를 하고 하나씩 질문을 던진다.

"돈을 어떻게 쓰고 계시는지는 대충 파악이 되었습니다. 쓰면서 자책 많이 하셨죠? 하지만 그럴 필요 없습니다. 사실 요즘은 많은 사람들이 돈을 필요 이상으로 많이 쓰고 살거든요. 얼마를 벌든 계획하지 않고, 지출에 원칙을 세워 놓지 않은 채 돈을 쓰기 때문에 넘치는 소비를 하게 되는 겁니다. 두 분이 돈을 많이 쓰신다는 것에는 이미 충분히 공감을 하셨을 것 같고, 이제 지출 구조조정을 하셔야 하는데요. 먼저 각자가 생각하기에 줄여야겠다고 여기는 부분을 말씀해보시죠. 그러나 여기서 주의할 것은 상대가 줄여주었으면 하는 것을 말씀하시지 말고 자신이 줄여야겠다고 생각하는 것을 말씀하셔야 한다는 것입니다."

바로 그 부분이다. 우리 부부가 미처 접근하지 못한 해결 방식. 우리는 스스로가 줄여야 하는 것은 외면한 채 상대의 흠만 생각하느라 마음이 불편했던 것이다. 간단하게 문제를 풀 수 있는데 여전히 남아 있는 못된 버릇 때문에 아슬아슬하게도 자칫 다툼으로 번질 수 있던 위험 수위까지 갔던 것이다.

남편이 줄여야 하는 것이 아니라 내가 줄여야 할 것, 가장 큰 것은 교육비다. 나는 이미 교육비를 줄여야 한다는 것을 결심하고 있었다. 내가 이런 생각을 말하려고 하는데 남편이 먼저 선수를 친다.

"전 어제 이 사람하고 지출 내역 정리하면서 어렴풋이 결심한 바가 있는데요. 그래도 솔직히 좀 아쉽더라고요. 그래서 좀 망설이고 있었는데 어젯밤에 형님 일기 가계부 읽으면서 확실히 정했습니다. 차를 없애려고요. 솔직히 언제부터인가 저도 너무 들떠서 살아왔다는 생각이 들었습니다. 빚도 많아 이 사람 머리 아파하는 거 뻔히 알면서도 지난해에 제가 우겨서 할부로 비싼 차를 사버렸거든요. 그런 거 있잖아요. 남자가 과소비 할 게 뭐 있느냐. 뻔한 용돈 쓰면서 차라도 제대로 된 거 타야지. 한 달 뼈 빠지게 일해 번 돈 고스란히 가족을 위해서만 쓴다는 말도 안 되는 피해의식 말이에요. 가족이 다함께 쓰는 돈에 피해의식을 가졌었다니 어처구니가 없죠. 차 하나만 없애도 지출을 꽤 줄일 수 있을 것 같아요. 할부금 50만원에 유지비 50만원, 거의 100만원인데, 이 정도면 우리집 지출의 꽤 큰 부분이죠. 대중교통 이용하면 운동도 할 수 있으니까 자연스레 건강에도 도움 될 테고, 자주 이용한 대리 운전 안 써도 되고, 그러다 택시비 늘어나면 어떡하나 싶지만 뭐 술도 적당히 먹으면 되니까. 이 사람은 담배도 끊었으면 하는데, 그건 좀 더 고민을 해봐야 할 것 같아요."

남편이 이렇게 고맙고 예쁠 수가 없다. 어제 라면 먹으며 속 긁었던 것이 미안해지기도 했다. 나도 가만히 있을 수만은 없다는 심정으로 이야기를 이어갔다.

"저는 예진이 교육비를 과감히 줄일 거예요. 솔직히 저도 남 부럽지 않은 대학까지 나왔는데 집에서 놀고 있으면서 괜히 불안한 맘에 재테크나 쫓아다니고 아이는 학원으로 내몰았다는 생각이 들었거든요. 다는 어렵겠지만 절반은 줄일 수 있을 것 같아요. 예진아, 괜찮지?"

예진이는 학원 줄인다는 이야기에 장난스럽게 반응을 한다.

"엄마, 그건 좀 곤란하겠는데? 엄마 말대로 나중에 커서 엄마 아빠에게 제대로 고마워하려면 더 배워야 하지 않나?"

예진이의 장난에 어이가 없어져 모두 한바탕 크게 웃었다.

"따님이 무척이나 조숙하네요. 이제 보니 어른 제대로 놀릴 줄 아네? 나중에 우리 딸 소개해주려고 했더니 무서워서 안 되겠다. 하하하."

이렇게 웃고 나서 소방관은 다시 진지한 표정으로 다음 질문을 던졌다.

"좋습니다. 점점 더 제가 할 일이 없어지고 있네요. 그런데 두 분은 혹시 과소비하고 있다는 생각은 안하십니까?"

과소비라……. 솔직히 지출 내역을 하나하나 적어보면서 자각했던 것이기는 하다. 그러나 차는 웬만한 가정에 다 있는 것이고 교육비가 좀 많이 들고 빚이 있어서 그렇지 명품을 소비하고 외제차를 모는 것도 아닌데 과소비라는 단어까지는 좀 심하다는 느낌이 들었다. 남편도 나와 비슷한 생각인 것 같다.

"사실 어제 적어보면서 우리가 좀 많이 쓰고 살았구나 하는 생각은 했는데요. 과소비라고까지 할 것은 아닌 것 같아요. 과소비를 어떻게 정의하느냐에 따라 다르겠지만 뭐 고가 물건을 사들이거나 명품에 미쳐서 돈을 쓰는 건 아니니까요. 이 사람도 아이 교육비에 많이 쓰고 있어서 그렇지 자기 자신을 위해서는 거의 쓰는 돈이 없습니다. 솔직히 저는 차나 술값 같은 데 좀 쓰고 사는데 이 사람은 자기 자신만을 위해서는 거의 쓰는

것이 없죠."

　소방관은 남편의 이야기를 듣고 질문을 계속 이어나갔다.

　"언뜻 보니 식비 지출이 70만원 가량 되는데요. 주로 마트에서 일주일 단위로 쇼핑하시죠? 적지 않은 지출인데, 게다가 주말 외식도 자주 하시는 편이구요. 이런 상태라면 다음 장볼 때쯤엔 유통기간이 지나서 버리는 것들이 적지 않을 겁니다. 마트에 가면 1+1 행사 많이 하잖아요. 하나씩 팔아도 되는 것을 여러 개 묶어서 팔기도 하구요. 싸다고 생각해서 혹은 이벤트 행사 중이라 하나 더 주는 것에 끌려 당장 필요하지 않아도 손이 가는 경우가 많죠. 그렇게 카트에 담아넣다보면 계산대까지 올 때쯤에는 카트가 가득할 겁니다. 그런데 문제는 그걸 봉투에 가득 담아 손이 모자랄 정도로 집에 들고 와서 풀어보면 허탈할 때가 많지 않습니까? 냉장고는 가득 차지만 정작 또 먹을 것이 없다고 여겨질 때가 많잖아요. 이미 냉장고에는 지난번에 사둔 것들로 자리가 차 있는데 거기에 더 채워넣습니다. 그러고도 먹을 것이 마땅치 않다는 생각에 다시 외식으로 발을 돌리는 경우가 허다하죠. 흔히 사람들은 과소비라고 하면 명품이나 고가품 같은 것을 사는 것만 생각하는데요. 사실은 이렇게 생각 없이 주위의 마케팅 유혹에 쉽게 넘어가고, 때 되면 버려서 비워내야 하는 일상들이 바로 과소비라고 볼 수 있습니다. 아니 과소비라는 표현도 좀 점잖을 수 있죠. 저는 우리가 혹시 잡동사니 소비를 하고 있는 게 아닌가 하거든요."

과소비, 잡동사니 소비라는 단어에 갑자기 재차 오답을 지적당하는 기분이 들었다.

"제가 두 분께 줄여야겠다고 마음먹은 것을 이야기해보시라 했더니 두 분은 상대적으로 큰 지출들만 생각하셨습니다. 나머지 것들은 줄여봐야 큰돈이 아니라고 여기는 거죠. 그러나 말씀하신 차량 유지비나 교육비 같은 큰 지출도 문제지만 더 큰 문제는 이렇게 눈에 띄지 않는 잡동사니 소비들입니다. 사람들이 많이들 방심하는 부분이기도 하지요. 어떻게 일일이 그런 것까지 신경 쓰고 사나 하는 마음을 갖는 겁니다. 그러나 그 작아 보이는 소비에 사실은 대단히 큰돈이 들어갑니다."

소방관이 지적한 마트 쇼핑 비용에 대해 생각해보니 불현듯 꽉 차 있는 우리집 냉장고가 떠올랐다. 말 그대로 이미 꽉 차서 더 들어갈 데도 없는데 냉장고 문을 열면 언제나 먹을 것이 없어 보인다. 그도 그럴 것이 야채들은 잔뜩 사다놓아서 시간이 지나 시들대로 시들었다. 1+1으로 하나 더 붙어 있는 것들은 유통기한이 지나 한번씩 내다 버려야 하고 냉장고 속을 오랫동안 차지하고 있는 것들은 전부 냉동식품이다. 해동하는 것도 상당히 귀찮은 일이라 자연히 손이 가질 않는 것이다.

이런 생각으로 잡동사니 소비에 대한 공감하고 있는데 소방관의 냉철한 지적이 계속 이어졌다.

"시간이 지나면 냉장고가 작아 보이죠. 답답해 보이구요. 광고를 보면 큰 냉장고가 자꾸 눈에 들어옵니다. 이런 식으로 적용해 보면 집도 마찬가지입니다. 우리가 필요한 것만 적당히 소비하고 산다면 집이 아주 클 필요가 없거든요."

그러나 이미 생활 속 불필요한 소비가 넘쳐나니 당연히 집은 자꾸 좁아진다. 소방관이 지적한 것처럼 이사할 때마다 비웠다고 비웠는데도 살다보면 자꾸 짐이 늘어난다. 수납공간에는 몇년째 꺼내보지 않은 물건들이 즐비하다. 그런데도 버리기보다 자꾸 사다 채워넣기 바쁘다. 생각해보면 처음 이 집으로 이사했을 때만도 집이 정말 운동장 같이 느껴졌다. 그런데 냉장고를 큰 것으로 교체하고 TV도 큰 것으로 바꾸고, 소파도 바꾸고 식탁도 바꾸고 쓸데없이 거실 장식장을 만들어 그 안에 예쁜 그릇 채우느라 사다 넣기에 바쁘다. 그러다보니 이제는 집이 큰지 정말 못 느끼겠다.

"이렇게 불필요한 잡동사니 소비를 하다보면 또다른 문제가 생깁니다. 그것들을 사기 위해 소비한 돈보다 보관하기 위해 더 많은 지출이 이어지는 거죠. 냉장고에 가득한 버릴 음식 때문에 전기세가 더 많이 나오고 큰 냉장고로 바꿔야 하니 연쇄 소비가 이뤄져 지출을 늘리죠. 냉장고와 베란다 수납공간, 방 하나 정도는 오래된 장난감이나 몇 년째 입지도 않는 철지난 옷들을 쌓아두고 사느라 전기세와 난방비, 공간 비용 등을 더 소비하게 되는 것입니다. 잡동사니 유지비용, 정말 우리가 제대로 소비지출을 하고 있는 걸까요?"

정말 그렇게 잡동사니 소비, 유지비용, 보관비용을 위해 적지 않은 돈이 쓰이고 있었다. 매월 버리는 음식을 생각하면 식비로 70만원씩이나 쓰지 않아도 된다. 20만원 이상을 줄인다 해도 가난하게 먹고 사는 것은 아니다. 다만 버릴 음식을 만들지 않을 뿐이다. 잡다한 생활용품을 사고 수납공간에 쌓아두는 일만 안 해도 10만원 정도는 줄일 수 있다. 또한 잡동사니를 보관하기 위해 더 큰 냉장고, 더 큰 집을 소비하고 사는 것까지 치자면 매월 할부금이나 주택 관련 부채 이자로 새나가는 돈이 어마어마하다는 것을 알 수 있다.

외식이나 계획에 없던 여행, 문화생활 등도 좀 더 계획적으로 돈을 쓴다면 이전처럼 돈을 쓰고도 사소한 다툼으로 이어지지 않아 덜 피곤하게 살 수 있을 것이다.

"잡동사니 소비가 많아지면 집안일을 하는 것도 더 피곤해집니다. 짐이 많고 버릴 것이 많아지니 그런 일 때문에 에너지가 더 많이 필요하게 되는 거죠. 제가 아는 분의 이야기를 하나 들려드릴까요?"

　소방관은 어느 여유 있는 노후생활을 하는 한 부부의 이야기를 들려줬다. 노부부라고 하기에는 다소 이른, 50대 후반 부부의 이야기다. 그 분들은 30평형대 아파트에 살고 계신데도 꼭 40평형대처럼 집을 쓰신다고 한다. 집 안에는 정말 필요한 물건 외에는 없다. 거실에는 소파 대신 방석이 놓여 있고 TV가 없는 대신 영화를 볼 수 있는 롤 스크린이 설치되어 있다. 식탁 대신 접이식 밥상이 있고 냉장고는 양문이 아닌 일반 냉장고이다. 방에는 붙박이장과 침대가 전부이고 서재에는 책상과 책꽂이, 컴퓨터, 다른 작은 방에는 손자들이 놀러올 때 갖고 노는 장난감이 조금 있을 뿐이다.

　"집에 필요한 것만 있다보니 그 집을 방문할 때는 언제나 탁 트인 시원함이 느껴집니다. 전자제품도 꼭 필요한 것만 있어 집에 전기선들이 난무하지도 않고 자연히 전기세도 많이 절약이 된다고 하세요. 그분 댁에 다녀올 때마다 저는 우리집에서도 하나씩 채우기보다 비워내고 살아야 한다는 생각을 자주 합니다. 자녀들이 어릴 때에는 필요한 것들이 많아 어쩔 수 없지만, 때 되면 그것들을 비우고 공간을 넓게 쓰고 살아야죠. 게다가 그렇게 자꾸 비우고 살면 평소 자주 치우지 않아도 웬만해서는 집이

어질러지지 않습니다. 비용도 아끼고 공간은 잡동사니가 아닌 사람에게 온전히 주어지니 일석이조인 셈이죠. 그렇게 단출하게 살아오셔서 그런지 그 부부는 지금까지 큰돈을 벌거나 부동산이나 주식 같은 것으로 자산을 불려보지 못했는데도 아주 여유롭게 사십니다. 자녀들을 전부 대학 졸업까지 시키고도 남들이 흔히 갖게 되는 은퇴 이후의 노후 생활에 대한 공포심이 없으신 거죠."

채워넣는 대신 비워내라는 이야기, 단출한 라이프스타일에 대한 이야기가 참으로 신선하게 들렸다. 정말 그동안 너무 생각 없이 돈을 써왔다는 느낌이 든다. 심지어 나는 매주 마트에서 쇼핑을 하고 나름 똑똑한 척한답시고 무이자 할부를 즐겨했다. 20만원어치 장을 보고도 3개월 할부를 하니 7만원만 소비한 것 같다. 그런데 그 7만원 같은 작은 돈들이 쌓여 어느새 할부 고정 지출만 잔뜩 만들어진다. 카드를 긁을 때만 해도 지금 소비한 것을 나중에 결제하니 이득을 보는 것 같지만, 정작 매주 그런 소비를 일삼다보면 할부금 결제가 고정 지출이 되는 것이다. 언제 어디에 돈을 썼는지도 기억나지 않는 할부 고정 결제금은 매월 피할 수 없는 은근한 스트레스이다. 돈이 빠져나가면서 그 돈을 쓴 것이 눈으로 보이지 않는 과거의 일이다보니 돈을 쓰고도 행복하지 않은 것이다.

때로는 그 고정 할부 때문에 이자가 붙어 있어도 할부를 다시 해야 하는 일이 반복되기도 한다. 이미 나갈 돈이 적지 않다 보니 목돈 지출이 부담스러워 이자를 내고서라도 할부를 쓰게 되는 것이다. 결국 우리집의 지출 구조는 이미 교육비와 관리비, 차량 유지비, 주택 관련 이자 등의 꽤 덩치 큰 고정 지출을 갖고 있는데 여기에 일상적인 소비 지출마저 할부로 해서 고정 지출 규모가 상당한 것이다.

"우리가 가계 현금흐름에서 꼭 짚어봐야 하는 것이 바로 소득구조입니다. 고정 지출이 엄청난 덩치를 유지하는 반면 소득은 과연 그런 지출을 감당하는 구조냐는 거죠. 두 분은 이 가정의 매월 소득이 얼마인지 알고 계십니까?"

나는 우리집이 자영업자도 아니고 뻔한 월급쟁이인데 모르겠느냐는 표정으로 월 400만원 정도라고 답했다. 그랬더니 소방관은 그럴 줄 알았다는 웃음을 짓는다.

"지금 제가 한 질문에 답하시기 위해 연 소득을 12로 나누셨죠?"

나는 '그런데요?' 하는 의아한 눈빛을 던졌다.

"매월 고정 지출과 고정 소득 간에 균형이 맞지 않으면 또 다른 문제가 발생할 수 있습니다. 두 분은 매월 400만원을 벌지 못할 겁니다. 샐러리맨 연봉은 보통 달에는 적은 돈을 수령합니다.

보너스 달은 명절 때나 연말 연초에 몰려있죠. 그 때 한꺼번에 나머지 연봉을 수령하는 것입니다. 즉, 일 년 중 절반 정도는 400만원이 아니라 300만원이 채 안 되는 돈을 받는 거죠. 그런데 어림잡아 보니 고정 지출만 500만원이 넘습니다. 그렇게 따져보면 보통 달에는 200만원 가량이 마이너스죠. 소득과 고정 지출 간의 균형이 깨지니 마이너스 대출 사용이 일상화되어 버립니다. 결국 생활비로 인해 일상적인 빚을 끌어 쓰는 것이 구조화 되는 겁니다. 가끔씩 신용카드 할부 이자도 감당하고 마이너스 통장 이자도 감당해야 하니 수입 지출의 불균형으로 인해 금융비용이 고정 지출이 되어버리는 것입니다. 소득의 변화는 점진적일 가능성이 높은데 이렇게 자꾸 고정 지출이 커져버리면 두 분은 잘못하면 평생을 금융비용을 지불하며 살아야 할 위험도 있어요. 그 돈이 잘못하면 예진이 대학등록금만큼 될 수도 있습니다. 한마디로 아이 대학등록금을 미리 끌어다 과소비를 하고 있다고 심각하게 생각해봐야 하는 것입니다."

이제야 우리가 과소비하고 있다는 것이 확실해졌다. 명품이나 고가품 소비만이 과소비가 아니라 잡동사니 소비, 소득과의 불균형한 소비가 잘못하면 아이 대학 등록금 마련할 기회를 차버리게 만드는 것이다. 미래에 중요하게 써야 할 돈을 알고보니 아주 하찮은 것들에 소비하느라 미리 당겨 써버리는 바보 같은 행동을 하고 있었다.

"돈은 쓰기 위해 모으고 쓰기 위해 저축도 하고 투자도 하는 거죠? 돈을 쓰는 것은 분명히 살면서 행복하기 위해 꼭 필요한 행위입니다. 방금 제가 돈은 '쓰는 것'이라고 아주 간단하게 정의했습니다. 그러나 중요한 것은 너무 쉽게 써버리면 정작 중요한 시기에 쓸 수 없다는 겁니다. 돈이란 게 '쓰는 것'이긴 한데 우리에게 쉽게 주어지는 물건은 아니니까요. 따라서 돈을 쓰는 데 불편한 날을 만들지 않기 위해서라도 돈을 '잘 쓰는 것'이 대단히 중요하겠죠?"

돈을 '잘' 써야 한다는 이야기를 언젠가 어느 강의에서 들은 기억이 난다. 나는 그 당시 부동산 투자에 열을 올리고 있던 터라 그 강사의 이야기가 무척이나 시시하게 느껴졌다. 인생을 펼쳐 놓고 수입이 집중되는 시기와 지출이 집중되는 시기를 이야기하면서 인생 전체를 보면 돈을 쭉 쓰고 살아야 하지만 돈이 쭉 벌리지는 않는다는 이야기였다. 너무 뻔한 이야기. 돈의 흐름이 우리의 삶과 균형이 맞지 않기 때문에 결국 소득이 집중되는 시기에 돈을 잘 써야 인생 전반에 걸쳐 돈 쓰고 사는 일에 문제가 생기지 않을 거라는 그 이야기는 너무 당연해서 전혀 설득력이 없었다. 그때 그 강사는 돈을 잘 쓴다는 것은 불필요한 곳에 돈을 쓰지 않는 것이라고 했다. 이 얼마나 당연한 이야기인가. 나는 강의를 끝까지 듣지도 않고 나와버렸다. 그런데 어느새 가진 돈은 엉망으로 쓰고 살면서 끝도 없이 쉽게 돈을 벌려고 발버둥 치는 것이 일상이 되어버렸다. 쉽고 빠르게 벌어서 되는 대로 쓰고 사는 비합리적이다 못해 어리석은 경제 마인드를 키워온 것이다. 너무 뻔하고 당연하다고 여겼던 것들을 무시하고 살면서 나는 불행을 자처해왔다. 심지어 미래에 내 아이에게 쓰일 소중한 돈이 될 수도 있는 것을 지금 온갖 잡동사니에 허비하고 살아왔다고 생각하니 한숨이 절로 나왔다. 정말 잘산다는 것이 만만치 않은 일인 것 같다.

짧은 부자와 긴 부자

쉽게 부자가 된 듯한 사람들도 돈 문제에서 완벽하게 벗어난 것은 아니다.
인생은 길고 우리의 삶은 여러 가지 위험에 노출되어 있기 때문에
언제나 긴장의 끈을 놓고 살수만은 없다.
하루아침에 100억 부자가 되었다가 어느 날 모든 것을 잃고
이전보다 더한 절망에 빠지는 사람도 허다한 세상이다.
돈 걱정과 불안에서 벗어나는 진정한 행복은
돈을 계획하고 통제함으로써 갖게 되는 심리적 안정이다.
얼마를 갖고 있건 매일의 구체적인 노력 없이 지속적인 행복은 불가능하다.
그 노력 중 하나가 바로 가계부 쓰기이다.
쉽고 빠르게 부자가 되는 것은 아니지만
조금씩 달라지는 가계부의 숫자들을 확인하며 불안으로부터 벗어날 수 있다.
가계부를 쓰는 하루 5분의 시간이 충실히 쌓인다면
우리는 어느 순간 놀라운 발견을 하게 될 것이다.

튤립과 여배우 사진

10년 후에 바라보는 지금의 내 모습은 수수하거나 아름다울 것 같지 않았다.
창피하고 우스꽝스러울 뿐 아니라 촌스럽기까지 할 것 같았다.

남편은 소방관의 이야기를 아무 말 없이 한참을 듣고 나서 문득 이런 하소연을 늘어놓는다.

"그런데요. 솔직히 우리만 그렇게 사는 것이 아니잖아요. 심지어 주위에서 보면 우리는 운이 나빴던 건지 모릅니다. 운 좋게도 쉽게 벌어서 편하게 잘 쓰고 사는 사람들도 흔하게 있는 것 같거든요. 자고 일어나면 주택 가격은 천정부지로 솟고, 주가도 고공 행진을 이어가니까 솔직히 우리는 투자자금이 다소 부족한 것이 문제였지, 만약에 부모님 도움이라도 받을 수 있었으면 좀 더 쉽게 돈을 벌 수도 있지 않았을까, 이런 생각이 들 때도 적지 않아요."

남편의 말을 들으니 갑자기 마음이 울적해졌다. 운이 없었고 투자자금이 부족했다는 이야기, 바로 요 며칠 동안은 잊고 있었던 것들인데, 나는 그간 경제 상황이 꼬이면서 내 환경을 엄청나게 탓하고 있었던 것이다.

소방관은 이 대목에서 눈을 빛내며 단호하게 말을 받는다.

"물론 그렇게 생각할 수도 있습니다. 그러나 제가 알기로 최근 많은 사람들에게 가장 크게 문제가 된 것이 바로 '나만 빼고 다 쉽게 부자가 된다. 나는 운도 없고 돈도 없어서 패배자이다'라는 소외감입니다. 생각하시는 것처럼 그렇게 운이 좋은 사람은 흔치 않습니다. 두 분의 소득이 우리나라 상위 20% 수준이라는 걸 감안해 보셔야 해요. 그 상위소득에 속하는 사람들도 집으로 돈을 벌기 어려운데 과연 집으로 돈 번 사람이 얼마나 있을까요? 주식도 마찬가지이고 부동산 투자도 마찬가지입니다. 단기간에 쉽게 벌었다가도 쉽게 벌었다는 생각에 다시 무모한 투자를 저지르거나 아니면 쉽게 벌었으니 편하게 돈을 쓰자는 생각에 여기저기 쓰게 되고 마는 것입니다. 결국 돈을 번 것 같은 사람들의 상당수가 벌었다 잃었다를 반복하면서 전체적으로는 마이너스 인생을 사는 경우가 많습니다. 주가가 한창 잘나갈 때는 주식으로 돈 번 이야기만 들리지만 하락기가 되면 돈 번 사람들 말이 쏙 들어갑니다. 그리고 시간이 좀더 지나면 한때 주식으로 전세금 족히 날렸다는 이야기들이 유행처럼 이어지죠. 물론 아주 극히 드물게 지속적으로 투자 수익을 챙기는 사람들도 있습니다. 그런데 재미있는 것은 그 사람들이 벌어들인 수익이 과연 무엇일까요? 그 돈은 어디서 나온 거죠? 일해서 벌었거나 기업의 사업성에 투자해서 사업의 성공으로 돈을 번 것이 아니고 그저 단기에 투자로 돈을 벌었다…… 그 돈이 어디서 나온 것일까요?"

나와 남편은 그 대목에서 잠시 멍해졌다. 소방관의 질문을 이해하지 못한 것이다.

"단기 내에 큰 수익을 챙긴 사람의 그 돈은 바로 투자에서 실패한 사람들이 까먹은 돈입니다. 한마디로 돈을 놓고 게임을 하고 거기서 승자가 된 거죠. 사람들은 흔히 투자와 투기를 혼동하고 단기 투자 수익을 통해 갖게 된 돈만 생각하지 까먹는 돈에 대해 잘 잊어버립니다. 설사 내가 큰 수익을 챙겼다 하더라도 그 수익이 실은 누군가가 실패한 돈이라는 걸 모르는 것입니다."

단기적인 고수익은 누군가가 실패한 돈을 챙기는 것일 수밖에 없다는 이야기는 정말 충격적으로 들려왔다. 결국 돈을 놓고 게임을 해서 몰아주는 것이 바로 단기 재테크인 것이다. 소방관의 이야기를 들으며 그동안 내가 얼마나 어리석었는지 확실히 깨달았다.

이유는 단기 머니 게임에서 승자가 되는 사람은 평범한 사람일 수 없기 때문이다. 나는 그간 지는 게임에 뛰어들며 살아온 것이다. 지속적으로 투자 수익을 챙기는 소수의 사람들은 이미 많은 돈을 갖고 있는 사람들이다. 많은 돈을 이용해 보통 사람들이 발품 팔아서는 절대 알 수 없는 정부 정책이나 금융 시장의 변화 흐름, 전 세계 자금의 동향 등의 정보를 전문가들로부터 지속적으로 제공받는 것이다. 또, 때로는 많은 돈을 투입해 시장의 흐름을 바꿔놓기도 한다. 예를 들면 허생전의 매점매석 이야기처럼 말이다. 많은 돈으로 미리 시장에 나와 있는 과일을 잔뜩 사재기를 해놓고 사람들이 과일 값이 오를 것이란 기대로 너도나도 사재기를 흉내 내려고 달려들 때 조금씩 높은 가격에 내다 파는 것이다. 덩치가 큰돈은 블랙홀처럼 시중의 작은 돈을 끌어들이는 흡인력을 갖고 있다고 봐야 한다. 그 힘으로 시장의 흐름을 주도하는 것이고 머니 게임의 승자들은 남들이 과일을 사기 시작할 때 미리 사둔 과일을 팔아 돈을 챙겨 떠난다.

"이런 머니 게임의 함정에 보통 사람들이 잘 속는 이유는 간단합니다. 첫째는 불안감입니다. 아까 이민수 씨가 이야기했듯이 나만 가난해질 것 같은 불안감, 가뜩이나 미래를 알 수 없는데 나만 빼고 다 쉽게 부자가 되는 것 같은 생각까지 더해져서 마음이 급해지는 것이지요. 그것이 바로 함정입니다.

그리고 두 번째 함정이 가격이 오르는 것만 생각한다는 겁니다. 즉, '과일 값은 계속 오를 거야, 그러니 빨리 이제라도 사야 돈을 벌 수 있어'라고 착각하는 거죠. 하지만 과일이 너무 비싸지면 사람들은 과일 사먹는 걸 포기할 것입니다. 사먹고 싶어도 사먹을 돈이 없는 거죠. 그러니까 계속 오르는 법은 결코 없는데 잠시 착각을 하는 거예요.

바로 이 두 가지 함정으로 인해 한발 먼저 머니 게임에 뛰어든 사람들이 쳐놓은 덫에 걸리는 것입니다. 그 덫에 걸리는 사람들은 바로 대다수의 평범한 사람들이구요."

내가 바로 그 함정에 빠져있었다. 김대리의 아내같이 똑똑하지 못해 가난한 엄마, 무능한 아내가 될 것 같은 불안감으로 재테크를 시작했고, 무리해가면서 세 채의 부동산을 매입하는 과정에서도 나는 오르는 것만을 생각했다. 빚이 너무 많아서 이자가 연체되는 상황에서도 밤에 잠도 못자면서도 더 오를 것에 대한 미련 때문에 정리할 결심을 못했다. 그저 당장 부족한 이자를 어떻게 매워야 하는지에 대해서만 머리를 쥐어짠 것이다. 어느 시기에 얼마만큼 오를 것인지 치밀하게 따져보지도 못하고 그 사이 새나가는 비용에 대해서는 아예 무시하기까지 했다. '이자 그까짓 것' 하면서 막연히 억억 오를 것만 생각하며 이성을 상실했었다.

"듣고 보니 무서운 이야기네요. 저도 어떤 책에서 네덜란드 튤립 투기 이야기를 읽은 적이 있습니다. 귀하다는 품종인지 모종인지 때문에 서로 사려고 난리가 나서 튤립 값이 엄청나게 폭등했었다고 하죠. 솔직히 저는 그 내용 읽으면서 이해가 안 됐었거든요. 웃기잖아요. 튤립 값이 폭등을 하고 사람들이 튤립을 사려고 난리가 났었다. 가끔 집단적으로 미치기도 하는구나 하고 비웃었었던 기억이 납니다. 그런데 알고 보니 내가 부동산 투자에 열 올렸던 것도 그것과 크게 다르지 않은 것이겠구나 싶어요."

이렇게 말하면서도 나는 그래도 이제라도 이성을 찾은 것이 다행이란 생각도 들었다. 시간이 한참 지나 부동산 열풍에 휩싸여 있던 내 모습이 누군가에게 그렇게 비웃음거리가 될 수도 있었을 테니 말이다.

"어떤 경제학자는 이런 말을 했죠. 1+1이 3.5가 되는 것은 불가능하다. 그것이 가능하기 위해서는 누군가는 반드시 손해를 봐야 한다. 그리고 '머니게임에서는 맨 뒤에 남겨진 사람이 개에게 물리게 된다'는 잔인한 표현까지 했습니다. 그 경제학자가 제안하는 최후의 피해자로 남지 않기 위한 제일 좋은 방법은 '빨리 떠나라' 입니다. 두 분은 욕심을 비우고 빨리 떠남으로써 앞서 가는 양의 엉덩이만 보며 낭떠러지로 밀려가는 대열에서 빠져나오신 겁니다. 지금까지 투자라고 생각되는 것에 많이 매달렸지만 알고보면 그건 성급한 욕심에서 시작된 투기였다고 봐야겠죠. 보통 사람의 투기는 이렇게 어리석어서 슬프기도 하고, 만에 하나 그 광기에서 빠져나오지 않는다면 매우 위험한 결말을 볼 수 있는 것입니다."

지금까지 소방관은 나름대로 상당히 부드러운 말투, 위로가 담긴 표현을 해왔었다. 그런데 투기에 대해서 이야기하는 순간만큼은 상당히 냉정했다. 아이가 잘못했을 때 아이의 잘못을 따뜻한 마음으로 이해하는 것이 중요하지만 잘못이 반복되지 않도록 엄하게 행동하는 것도 필요하듯이 소방관은 우리에게 엄한 목소리로 잘못을 일러주고 있는 것이다.

"여기 이 사진을 좀 보시겠습니까?"

갑자기 소방관은 가방에서 사진을 두 장 꺼냈다. 한 장에는 짙은 화장과 촌스런 파마머리를 한 여배우의 모습이 들어있다.

"이 여배우의 모습이 어떻게 보이십니까?"

남편은 사진을 들여다보자마자 아는 체를 했다.

"내가 대학 다닐 때 좋아했던 탤런트네요. 무지 좋아했었는데 이제 보니 엄청나게 촌스럽네. 하하, 이 머리 좀 봐. 스프레이

한 통은 썼겠네요. 눈은 꼭 어디서 부딪혀 멍든 것 같고. 진짜 실망인데?"

머리부터 화장, 옷이며 액세서리까지 모두 화려하지만 무척 촌스럽다.

"이건 10여 년 전 대단히 인기를 끌었던 여배우의 사진입니다. 지금 보기에는 어떻게 이런 머리, 이런 화장을 하고 다닐 수가 있나 할 정도로 촌스럽죠. 그런데 그때 당시에는 이 모습이 예뻐 보였을 겁니다. 이런 모습을 하기 위해 상당한 비용을 지출했을 거구요. 비단 10여 년 전 사진뿐 아니라 불과 5년도 안 난 스타의 옛 모습도 우리에게 낯선 느낌을 줍니다. 반대로 이 사진은 어떻습니까?"

다른 사진은 매우 수수해 보이는 여성의 모습을 담고 있다. 화장기 없는 얼굴에 청바지와 하얀 티 차림이다. 좀 전의 그 사진과 비교하면 세련되어 보이기까지 한다.

"이 사진도 아까 보여드린 사진과 비슷한 때 찍은 겁니다. 그런데 별로 낯설지 않죠. 그다지 촌스럽게 느껴지지도 않고, 여배우의 화려한 외모와 비교해보면 액세서리 하나 없는 수수한 모습이 심지어 세련되어 보이기도 합니다."

나는 순간 소방관이 무슨 의도로 사진을 보여주었는지 눈치를 챌 수 있었다. 많은 돈을 쓴 것이 시간이 지나보면 결과적으로 더 촌스러운 것이 될 수도 있다. 수수한 것이 오래 지나고 보아도 민망하지 않고 낯설지 않은 멋을 유지할 수 있다.

  내 모습을 돌아보았다. 예전에는 정말 수수했었다. 물론 수수하고 싶어서 그런 것이 아니라 그럴 수밖에 없었다. 그러나 지금은 예전과 비교해 나 자신에게 돈을 많이 쓰고 사는 편이다. 화장품이며 옷이며 재테크 동호회 같은 곳에 다니려면 멋도 좀 부릴 줄 알아야 한다는 생각에서다. 그래서 조금씩 관심 갖고 멋을 내기 시작한 것이 어느새 하루 한번 홈쇼핑 패션 페이지를 즐겨 찾게 되었고, 견물생심이라고 보면 몇 가지는 꼭 사게 된다.

화장품도 이전 것을 다 쓰기도 전에 새로운 유행이나 패턴이 등장하면 바꾸게 된다. 남편도 멋 내는 걸 좋아하는 사람이다. 남자치고는 유행에 신경 쓰는 편이어서 그때그때 양복이나 와이셔츠, 넥타이를 바꿔주어야 한다. 그러다보니 옷장에는 옷이 가득한데 유행이 지나 입을 수 없는 것이 많다. 사진을 비교해 보다 갑자기 우리의 모습도 몇 년이 지나면 이렇게 촌스러워 보이겠지 하는 생각이 들어 웃음이 나왔다.

"그냥 단순히 외모만이 아닙니다. 우리가 사는 모습 전체가 어쩌면 시간이 많이 지나 돌아본다면 우리가 매 순간 돈을 행복하게 다루지 못하고 살아왔다는 것을 자각할지도 모릅니다. 17세기에 네덜란드에서 벌어진 튤립 투기 사태가 지금 보면 어처구니없는 광기로 보이는 것처럼, 현재 우리가 부동산에 들이고 있는 열정이 시간이 지나보면 마찬가지로 여겨질 수도 있다는 거죠. 또한 그렇게 남들보다 쉽게 돈 벌겠다고 뛰어다니고 정작 어렵게 번 돈을 계획 없이 지출하면서 살고 미래를 위해 따져보지 않고 산다면 10년 후쯤 우리의 모습이 어떻게 보이겠습니까?"

10년 후에 바라보는 지금의 내 모습은 수수하거나 아름다울 것 같지 않았다. 창피하고 우스꽝스러울 뿐 아니라 촌스럽기까지 할 것 같았다.

"저는 가끔 그런 상상을 해봅니다. 우리 자녀들이 10년, 20년 후쯤에 현재 우리가 살고 있는 모습을 어떻게 평가할까? 혹시, '어떻게 우리 부모님들은 이렇게 사셨을까?' 하고 부모들의 젊은 날을 비웃지는 않을까? 그런 평가를 듣기 전에 우리가 먼저 10년 후 20년 후를 바라보고 그때에도 뿌듯하고 풋풋한 추억이 가득한 과거로 만들기 위해 현실을 바로잡는 것이 중요하지 않을까요? 언제 돌아봐도 심플하고 정갈함을 유지하는 라이프 스타일과 가정 경제 환경, 절제되고 소박한 것 같지만 그래서 늘 품위를 잃지 않는 과거를 만드는 것이 필요합니다. 단순히 불씨만 끌 것이 아니라 더 나아가 두 분의 주변 환경을 이런 현실로 만들어야겠다는 생각이 좀 드나요?"

문득 지난밤에 읽었던 오빠의 일기 가계부가 떠올랐다. 한 장 한 장 읽으면서 울기도 하고 웃기도 했지만 다 읽고 나서는 오빠가 너무나 존경스럽고 그런 오빠의 동생이라는 사실에 마음이 참 따뜻해졌었다. 한 순간도 버릴 것 없이 살아온 것 같은 느낌. 백원 하나 허튼 곳에 쓰지 않으려고 늘 계획하고 평가하고, 그렇지만 언제나 가족의 행복을 위해 저축과 투자의 목표를 분명하게 정해놓고 있었던 오빠.

오빠의 가계부 속에 있는 숫자들은 크기와 관계없이 모두가 소중한 것이다. 아주 작은 것이라도 정성스레 벌어 조심스레 지출하려는 노력이 있었기에 반짝반짝 빛이 났던 것이다.

이제 이전과 어떻게 다르게 살아야 하는지 길이 보이는 것만 같다. 정신없는 나의 생활, 돈 벌겠다고 뛰어다니면서 정작 가장 쉽고 행복하게 돈 버는 방법은 무시해온 지금까지의 삶, 점점 생활의 품위는 떨어지며 일상은 늘 피곤하고 돈에 대한 스트레스로 가득했던 이 현실을 이제 과감히 청소해야 한다. 동생이 늘 행복하게 잘 살길 바라는 오빠와 친절한 소방관의 도움을 받아 불씨를 껐다면, 이제 내가 적극적으로 나서 말끔히 청소할 일만 남은 것이다. 우리 가정의 모든 군더더기들을 과감히 제거할 생각을 하니 얼굴이 밝아졌나 보다.

"당신, 얼굴이 왜 이렇게 예뻐 보이지? 무슨 좋은 생각을 하기에 그렇게 얼굴이 밝아? 나는 앞으로 정리할 생각하니 갑갑한 기분인데, 당신 밝은 얼굴 보니까 덩달아 나도 기분이 좋아지네? 자, 그럼 소방관님 말씀대로 우리도 우리 주변을 좀 정리해 보자. 그래, 사실 지금까지 좀 웃기게 살아왔지. 결국 돈돈 거리면서도 그놈의 돈을 정신없이 쓰고, 아니 이제와보니 쓴 게 아니라 버리고 살아온 것 같아. 꼭 푼수 같은 거 있잖아. 여기저기 돈 새나가는 줄 모르고 더 움켜쥐겠다고 허공에 대고 허우적댄 꼴이지 뭐야. 이제 정신 차리고 제대로 살아야지. 그런데 뭐부터 해야 하죠?"

소방관은 우리에게 가장 적은 소득일 때를 기준으로 소비 예산을 세워보라고 권해주었다. 오빠의 가계부에도 예산이 있었다. 소득에 대한 예측을 전제로 가장 적은 소득일 때조차 돈을 남기기 위해 치밀한 예산을 바탕으로 돈을 관리해온 것이다. 지난밤에 읽을 때는 그 부분은 사실 내게 약간의 부담으로 다가왔었다. 지독한 인간, 어떻게 이렇게까지 사나 했다. 그러나 알고 보니 번 돈은 최대한 밖으로 새나가지 않도록 자물쇠를 잠가 두고 대신 그 돈에 이자를 붙여 써온 것이다. 결국 전체적으로 쓰고 사는 돈은 적지 않은데 그달 그달 버는 돈을 쓴 것이 아니라 번 돈은 저축하고 저축이 만기가 돌아와 모인 돈을 쓰고 사는 것이다. 나처럼 먼저 써버리고 나중에 필요한 돈은 재테크로 불려보겠다고 어리석게 사는 대신 말이다. 오빠네 가계 재무구조는 선순환 구조인데 반해 우리집은 그간 미래의 가처분 소득을 끌어 쓰는 악순환 구조였다고 소방관은 지적했다.

　이제 이 악순환 구조를 제대로 극복하기 위해 우리집 경제의 전반적인 구조조정을 해야 할 시간이다. 자산 부채도 말끔하고 단순한 구조로 정리하고 현금흐름은 그달의 버는 돈을 최대한 저축하고, 만기된 저축으로 경제적으로 소비하는 구조로 만들 것이다. 이를 위해 당분간은 빠듯한 예산 하에 선순환 구조를 만들기 위한 고된 인내가 필요할 것이다. 힘들고 어렵겠지만 그 인내는 즐거운 인내이다. 구체적이고 확실한 희망을 꿈꾸면서 감내하는 것이기 때문이다. 나는 마음이 부풀어 올랐다.

남편의 마음도 나와 다르지 않은가 보다. 상당히 의욕적으로 예산을 세워나간다. 스스로 용돈도 더 줄이고 차는 과감히 처분하고 외식을 하는 대신 식사 준비 등 집안일을 적극적으로 돕겠다고 큰소리치는 둥 어린 아이같이 마냥 즐거운 모습이다.

그 어느 것 하나 막막하지 않던 것이 없어 보이던 우리 가정에 행복의 빛이 감돌고 있다.

매월 정기적으로 지출되는 지출사항

구분	지출사항	지출금액	구분	지출사항	지출금액
주거 생활비	월세/관리비	36 → 20	통신비	남편핸드폰	8
	전기세	4 (관리비에 포함)		아내핸드폰	15
	수도세	2		부모핸드폰	→ 가족요금
	가스비	2		자녀핸드폰	12 / 8
	쓰레기봉투비	1		유선전화	4
	파출부 등 도우미	0		인터넷사용료	(유선전화 포함)
	정수기 등 임대료	7 → 없애기		케이블사용료	3 → 0
	기타			TV시청료	
	소계	41 → 25		기타	
식비	주식/부식비	70 → 35		소계	31.2 → 12
	기호품/간식		의료비	건강식품	
	과일			병원비	
	기타			약값	
	소계	70 → 35		기타	
외식비	가족외식비	40 → 0		소계	0
	기타		문화 생활비	운동	15 → 0
	소계	40 → 0		공연관람료	10 → 5
교통비	차량유류비	50 → 없애기		신문/도서비	5 → 3
	남편대중교통비	0 → 10		기타	
	아내대중교통비	0 → 5		소계	30 → 8
	부모/자녀교통비		육아비	분유/이유식	
	택시비			기저귀	
	대리운전비	10 → 0		육아용품	
	기타			육아도우미	
	소계	50 → 15		기타	
				소계	0

구분	지출사항	지출금액	구분	지출사항	지출금액
교육비	등록금		각종 할부금	자동차	50 → 0
	학원비	150 → 30		물건구입비	30 → 0
	교재/기자재비	10 → 0		기타	
	참고서/학습지			소계	80 → 0
	특별과외비		보장성 보험료	부부	30 → 15
	기타(급식비 등)	5		자녀	9 → 2
	소계	165 → 35		부모님	
용돈	남편	50 → 20		소계	39 → 17
	아내	30 → 10	금융 비용	대출원금상환	80(원리금) → 0
	부모님	30 → 20		대출이자	
	자녀	? → 2		기타	
	기타 (부모님위한계 등)			소계	80 → 0
	소계	110+@ → 52	저축/ 투자	저축	0 → 30 (보너스달 100)
교제비	기부/헌금	10 → 5		펀드	0 → 30 (보너스달 50)
	각종회비			저축성보험	0 → 30
	접대비			기타	
	유흥비			소계	0 → 90 (보너스달 180)
	기타				
	소계	10 → 5			
공공보험 (자영업)	국민연금				
	건강보험료				
	소계	0			
총계	매월 정기지출 총액(A)			746+@ ⇒ 214 (저축 제외)	

매년 비정기적으로 지출되는 사항

(작년 1년간 비정기적으로 발생한 지출을 기입하세요)

구분	지출사항	지출금액	구분	지출사항	지출금액
교통비	자동차 수리비		교육비	촌지/담임선물 등	
	자동차 보험료	100		자녀수련회 등	30
	자동차세금	70		기타	
	과태료 등	20		소계	30
	기타		세금	재산세	
	소계	190 → 0		종합부동산세	
병원비	보약	30 → 20		주민세	
	의료기구			기타	
	부모님 의료비			소계	0
	기타		경조사 (본인, 친구)	여행, 휴가	100
	소계	30 → 20		경조사(친구,선후배)	120
의류/피복	의류	50		소계	220
	신발/액세서리	30	경조사 (양가 집안)	명절(설)	20
	기타			명절(추석)	20
	소계	80 → 50		제사	20
미용	머리손질(가족)	30		부모생신	20
	화장품	10		어버이날	20
	피부미용등			형제/친척결혼등	
	기타			기타	
	소계	40 → 20		소계	100
가구/가사비	수선/수리비		총계		690 → 440
	가구/가전교체비				
	생활용품구입비		비정기지출 월환산액 (B)		57.5 → 36.6
	기타				
	소계	0			

돈과 행복의 한계 효용

돈을 많이 쓰면 행복해질까?
20평형대 아파트에 살다 30평형대로 이사한 후의 기쁨.
그런데 이것은 얼마나 갈까?
길어야 한달, 짧으면 일주일이다.
새 냉장고를 사면 기분이 좋다.
그러나 이 또한 얼마나 갈까?
소비로 행복해지는 것은 잠시 뿐이다.
그러나 소비를 위해 저축해 나가는 과정은 훨씬 더 알차다.
사람은 결핍을 채우는 과정에서 행복해진다고 한다.
목표를 정해놓고 달성하기 위해 노력하는 과정과 목표가 달성되는 순간을 상상하는 시간들이 쌓여 행복이 길어지는 것이다.
가계부는 어렵고 번거로운 소비를 만들지만,
결과적으로 행복을 선물할 것이다.

미래 계획,
인생을 둘로 나눠 설계하자

비현실적인 해결책은 사람들을 더욱 미래에 대해 절망하게 만듭니다. 우리나라 사람들의 중 상당수가 60세에 은퇴하면서 몇 억을 갖고 은퇴할 수는 없어요.

"이제 미래를 구체적으로 상상해보셔야 할 시간입니다. 지금까지 과거를 이해하고 현재를 평가했다면 미래를 설계해야 할 시간인 거죠. 자, 여기 선이 하나 있습니다. 이 선은 이 가정의 미래입니다. 이 그림을 완성시키면서 행복의 원칙을 뚜렷하게 세우는 것까지 해드리면 비로소 제가 할 일은 끝납니다."

소방관은 백지 위에 선을 하나 그었다. 그리고 그 선에 시간을 표시했다. 선을 따라 우리 가족의 미래를 표시하려니 다소 막막했다. 정말 그동안 여러 가지로 생각 없이 살아왔던 것 같다. 늘 잘살고 싶었으면서 어떻게 해야 잘살 수 있는지 제대로 미래를 따져보지 않은 채 살아온 것이다. 오빠의 가계부에 들어 있는 그림을 보지 않았더라면 나는 이 그림을 전혀 그리지 못했을 것이다. 막막한 참에 귀찮다고 여기고 저만치 치워버렸을 것이 뻔하다. 혹 내가 하려고 했다 해도 아마 남편은 유치하다며 손사래를 쳤을 것이다. 그러나 나와 남편은 이제 우리 삶에 그렇게 오만하지 않다. 막막하지만 진지하게 하나하나 선에 나이를 표시하며 그 나이에 생길 우리 가족의 미래 사건들을 예측해본다.

"먼저 해야 할 일들을 표시해보세요. 특히 젊은 시절 중요한 것은 예진이 교육 문제겠죠. 예진이의 진학을 중심으로 표시를 해보시고 은퇴시간을 그려보는 것입니다."

그러고 보니 예진이 나이가 벌써 열두 살이다. 대학 진학까지는 8년밖에 남지 않았다. 예진이 나이를 처음 안 것도 아닌데 갑자기 미래를 생각하면서 헤아려보니 조급해진다. 그동안은 재테크를 통해 큰 부자가 될 것만 생각했지 이렇게 구체적으로 언제 어떤 일이 우리 가정에 필요한 일인지 따져보지 않았다. 큰 부자가 되기는커녕 이것저것 털고 나면 제자리, 심지어 시간이라는 변수를 고려한다면 마이너스에서 다시 시작해야 하는데 아이가 대학에 가야 하는 시간이 8년밖에 안 남았다고 하니 막막하다.

더 큰일은 남편의 소득이다. 남편 회사는 정년이 짧은 편이다. 40대 후반만 돼도 눈치 보는 신세가 된다고 한다. 그런데 우리 나이가 벌써 마흔이다. 지금의 직업으로 안정적으로 돈을 벌 수 있는 시간이 10년도 채 남지 않은 것이다.

내가 여러 시행착오로 많은 것을 까먹고 있는 사이 시간이 너무 훌쩍 지나버렸다. 예진이가 대학교 2학년이 될 쯤엔 남편이 회사에서 퇴직을 할 것이고 잘못하면 우리집 소득에 비상이 걸릴 상황이다.

그동안 뭐하고 사느라 이런 것도 하나 생각해보지 않았던가 하는 후회가 밀려왔다. 그야말로 미래에 대한 막연한 환상과 불안감으로 이기지도 못할 싸움하느라 10여 년을 흘려보내고 만 것이다. 이대로 살다가는 예진이가 아르바이트로 돈을 벌어 학교를 다녀야 할 판이다. 그런데 요즘 대학등록금이 어디 아이들이 아르바이트로 충당할 수준인가? 연간 천만원도 넘는다는데 한참 더 공부해야 하고 이것저것 하고 싶은 것도 많은 때에 아르바이트에 올인 해야 할지도 모른다고 생각하니 갑자기 마음 아팠던 나의 대학 시절이 떠올랐다.

등록금을 벌기 위해 여유시간 하나 없이 아르바이트에 매진해야 했었다. 안정적인 부모의 뒷바라지 속에 사회경험상 필요해서 아르바이트 하는 친구들과는 차원이 달랐던 것이다. 내게 아르바이트는 생존의 필요조건이었다. 그것이 너무 서러웠으면서 나는 여태 우리 예진이 등록금 통장하나 준비하지 않았다. 마음이 다시 무거워 졌다.

게다가 이제 곧 중학생이 될 것이고 금방 고등학교에 진학한다. 지금이야 사교육비를 줄인다 치더라도 중학생이 되면 어쩔 수 없이 다시 해야 할 텐데, 심지어 고등학교는 의무교육도 아니라서 공교육비도 만만치 않다고 하는데……

남편의 소득이 갑자기 크게 늘어날 것이 아닌 상황에서 아이 교육시키고 생활비 쓰고 나면 과연 저축을 할 수 있을까? 가슴이 답답해졌다.

남편도 선을 따라 하나하나 그림을 그려보면서 나만큼 답답했나 보다. 갑자기 펜을 놓고 한숨을 몰아쉰다.

"이건 뭐, 미래를 설계하는 데 희망이 생기는 게 아니라 한숨만 나오네. 그동안 너무 눈앞에 있는 것만 좇아왔다는 생각이 들어요. 고령화니 뭐니 해서 들리는 소리 그냥 무심하게 들어왔는데 그려놓고보니 제대로 된 준비 하나 없이 노후를 맞게 생겼네요. 게다가 예진이는 곧 고등학교, 대학교에 진학할 텐데 아무런 준비도 못 해놓았으니……. 아빠로서 정말 할 말이 없네요."

남편의 말을 들으니 더 참담해진다. 은근히 남편에게는 뭔가 답이 있지 않을까 생각했던가 보다. 우리의 절망적인 모습이 예상했던 것이었는지 소방관은 미소를 유지한 채 그림을 들여다본다.

"많이 답답하시죠? 그 마음 충분히 이해가 갑니다. 생각보다 오래 살고 돈 나갈 일도 많죠. 돈을 벌 시간은 충분하지 않은데 쓰고 살아야 하는 시간은 길고, 게다가 아이 교육비니 뭐니 많이 써야 하잖아요. 맞습니다. 우리의 인생과 돈의 흐름은 균형이 맞지가 않습니다. 그래서 사람들이 돈에 대해 불안해하는 것입니다. 그저 벌어서 쓰고 사는 것이라면 문제가 안될 텐데 돈 버는 일이 만만치 않으니까요. 게다가 버는 돈보다 더 많이 써야 할 일들은 시간이 흐를수록 점점 많아집니다. 그러나 답답하다고 해서 설계를 안 하면 어떻게 되겠습니까? 어려운 것이 사실이지만 그렇기 때문에 치밀하게 따져보고 어떤 준비가 필요한지 계획을 잡아 실천에 옮겨야 하겠죠. 제가 몇 가지 방법을 알려 드리겠습니다."

그러면서 소방관은 우리의 미래 설계 그림에 직접 펜을 들고 우리가 놓치지 말아야 할 중요한 부분을 지적해주었다.

"가장 먼저 고민하실 것은 가장 멀리 있는 사건입니다. 즉 100세까지 살 수 있는 현실을 생각해보는 거죠. 우리나라 사람들에게 언제 은퇴할 건지 물으면 60세라고 답하는 분들이 많습니다. 만약 평균 수명이 70세라면 60세에 은퇴하는 것이 맞을 겁니다. 살만큼 살아서 이제 남은 시간이 10여 년밖에 안되니

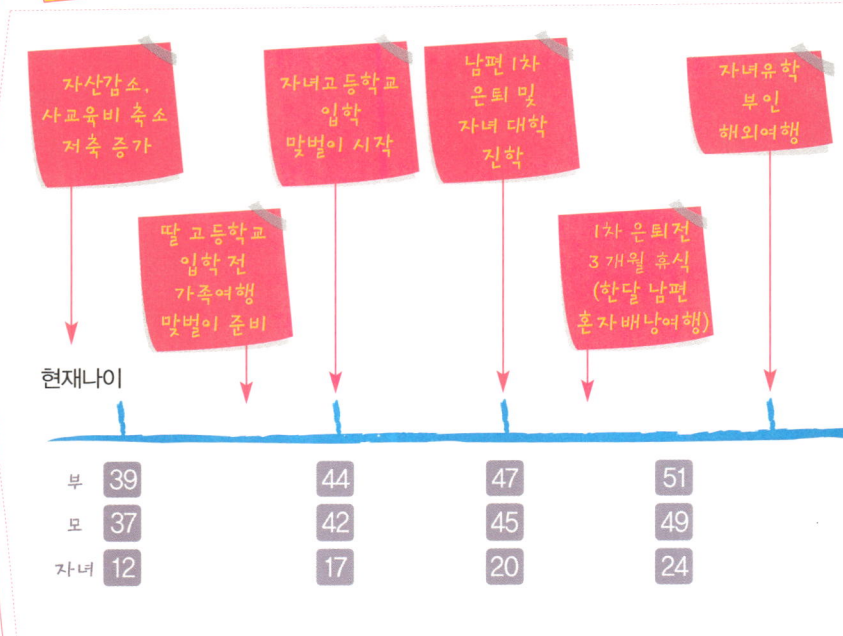

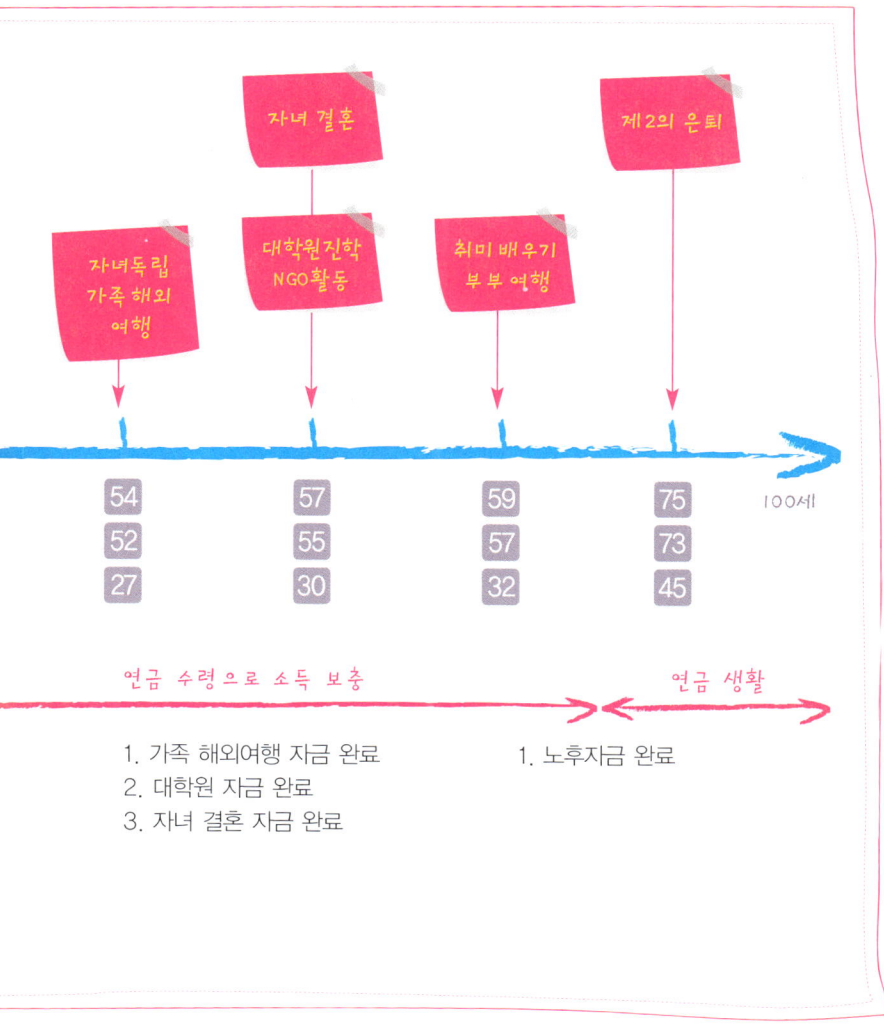

좀 쉬면서 삶을 정리하자고 계획하는 거죠. 그러나 지금처럼 수명이 계속 늘어나서 100세까지 사는 세상이라면 60세에 은퇴하고 나서 40여 년을 돈벌이 없이 살아야 하는데 답이 안 나오죠. 두 분도 그간 열심히 살아왔지만 미래에 대한 준비는 충분하지 않습니다. 그런데 연일 신문에서는 불안한 노후를 들먹이며 준비를 철저히 하라고 재촉하죠. 혹시 이런 기사 보신 적 있으십니까? '60세에 은퇴하면 최소 6억이 필요하다.' 어떻게 생각하세요?"

재테크를 위해 뛰어 다닐 때조차 그런 내용은 두려웠다. 몇 억이 필요하다는 노후, 그런 기사 때문에 마음이 더 급해질 때도 많았다. 빨리 높은 수익을 실현해야 한다는 생각이 더 간절해졌던 것이다. 한번은 남편이 재테크에 대해 우려감을 표하자 나도 그 비슷한 기사를 보여주며 한가한 소리 한다고 면박을 준 적이 있었다. 그때 남편은 남편대로 왜 나중 일을 지금 고민하느냐, 지금 먹고 살 일도 빠듯한데 그깟 노후 좀 가난하면 어떠냐하는 식으로 냉소했었다. 한마디로 그런 극단적인 내용을 접할 때 나는 공포심으로 조급해졌고 남편은 마음에 번지는 공포를 애써 억누르며 미래를 외면했던 것이다. 그런데 소방관의 이야기를 들어보니 우리만 그런 것은 아닌가 보다.

"흔히 이렇게 미래에 대해 끔찍한 이야기를 접하는 많은 사람들은 두 가지를 경험합니다. 마음이 조급해지거나 아예 자포자기 하는 거죠. 지금 먹고 살기도 빠듯한데 60세 노후에 필요한 은퇴자금 몇 억을 준비하기 위해 소득의 상당 부분을 저축하란 이야기를 듣습니다. 30대는 100만원을 저축하라고 하기도 하고 40대는 200만원 저축해야 한다는 이야기도 있어요. 이런 비현실적인 해결책은 사람들을 더욱 미래에 대해 절망하게 만듭니다. 그러나 이런 이야기들은 모두 잘못된 것입니다. 우리나라 사람들의 중 상당수가 60세에 은퇴하면서 몇 억을 갖고 은퇴할 수는 없어요."

그의 이야기는 상당히 설득력이 있었다. 60세 이전에 이미 많지 않은 소득으로 사교육비와 주거비를 감당하고 살아야 한다. 심지어 최근엔 빚이 없으면 집 장만하기가 하늘의 별따기처럼 느껴질 정도다. 웬만한 사람들이 빚을 지고 그것도 조금의 빚이 아니라 10년~20년 나눠 갚아야 하는 빚을 내 집을 산다. 빚 갚으면서 아이들 교육비 쓰다보면 60세에 몇 억 들고 은퇴하는 것은 불가능할 뿐 아니라 빚 없이 은퇴하기도 어렵다는 얘기다. 그렇다고 버는 돈의 상당 부분을 은퇴만을 위해 저축하고 살기란 쉽지 않다. 이미 그 전에 부채 상환과 교육비가 만만치 않은데 노후 준비를 위해 몇 백만원씩 저축까지 한다면 그건 이미 말이 안 맞는다. 결국 사람들은 그런 이야기를 접하면서 자꾸 미래를 포기하고 만다. 그래서 30대의 65%가 노후준비 없이 산다고 하는지도 모른다.

　내가 생각해도 이건 답이 아니다. 그렇다고 재테크를 하자니 실패할 확률이 높아 그것도 답이 아니다. 재테크에 성공하면 아이 등록금이며 부모 노후자금이며 모두 여유로워지겠지만 실패하면 돌이킬 수 없이 큰 절망을 안을 수 있기 때문이다.

　"이렇게 막연한 공포심으로 미래를 내다보면 안 됩니다. 우리가 100세 고령화를 준비하는 첫 번째 방법은 60세에 몇 억을 준비하는 것이 아니어야 합니다. 그보다는 먼저 우리 인생을 둘로 나눠 그림을 그리는 것이 필요합니다. 즉, 첫 번째로 계획해야 할 것이 바로 인생의 이모작입니다. 인생을 둘로 나눠 전반전과 후반전으로 각각 그림을 그리는 거죠. 그리고 현실적인 은퇴 시기를 계획해야 합니다. 생각보다 긴 인생, 우리는 60세라는 이른 나이에 은퇴할 수 없습니다. 100세까지 산다면 최소한 75세, 80세까지는 일을 해야죠."

　40대에 접어들면서 현실적으로 조기퇴직의 압박을 느끼는 삶이다 보니 오래 일을 한다는 것은 생각도 못 해본 일이다. 마음 한편으로는 그렇게까지 오래 일해야 하나 싶은 마음도 들고 설사 그러고 싶다 해서 그럴 수 있을까 하는 생각도 든다.

　"우리는 은근히 비합리적인 생각을 자주 하는데요. 오래 살아서 걱정인데 오래 일하는 것은 싫어합니다. 그런데 재미있는 것은 막상 은퇴하고 나면 아침에 출근할 곳이 없어져 허탈하다며 우울증에 걸리는 분들이 있다는 것입니다. 젊어서는 출근하기가 너무 싫었는데 나이 들어서는 출근하지 않는 시간이 너무 괴로운 거죠. 인생을 둘로 나누는 것은 이런 모순을 극복하기 위해서입니다."

젊은 시기에 일하는 것이 힘든 것은 직업을 갖는 이유가 돈을 벌어 가족에게 필요한 재원을 확보하는 것이 첫 번째 이유이기 때문이라는 이야기다. 즉, 하기 싫은 일이라도 자신의 적성이나 일하는 즐거움을 고려할 여유 없이 돈 때문에 일해야 하기 때문이다. 일을 하는 자체가 괴로운 것이 아니라 좋아하는 일을 찾아 그 일을 할 기회를 갖지 못하는 것이 괴로운 것이다.

"인생을 둘로 나눠 설계할 때, 첫 번째 일은 이렇게 의무감과 책임감으로 다소 어려운 일을 감수하고, 두 번째 일은 자신의 적성을 고려해 적극적으로 하고 싶은 일을 계획하는 것이 좋습니다. 60세에 몇 억이 필요하다는 대안들을 자세히 들여다보면 그 몇 억이 사실 60세부터 필요한 매월 생활비 100만원 가량의 돈입니다. 100여 만원의 노후 생활비가 20여 년간 필요할 테니 그 돈을 한꺼번에 준비하면 억 단위의 돈이 산출되는 거죠. 그런데 그렇게 노후의 100여 만원의 생활비를 위해 젊은 시절 100만원이 넘는 돈을 쓰지 않고 사는 것은 비현실적인 이야기이며 우리를 절망하게 합니다. 그러나 두 번째 직업을 갖게 되면 이 문제는 아주 간단히 해결됩니다. 즉, 노후에 필요한 100여 만원의 생활비를 즐거운 일을 하면서 벌어서 해결하는 거죠. 물론 쉬운 일만은 아닙니다. 그러나 100세까지 살려면 돈 문제를 떠나 우리는 일을 하지 않으면 안 됩니다. 따라서 노후를 위해 지금 준비해야 하는 것은 소득의 상당 부분을 포기하고 노후 생활비를 한꺼번에 준비하는 것이 아니라, 자기계발을 통해 안정적인 고령 취업을 준비해야 한다는 것입니다. 이민수 씨는 만일 자신이 좋아하는 일을 한다면 어떤 일을 하고 싶으십니까?"

"글쎄요, 평소 생각해보지 못한 문제라서. 그런데 말씀을 듣고 보니 절망감이 조금은 덜어지네요. 말씀하신 내용이 상당히 합리적인 것 같아요. 저도 평소에 노후에 필요한 생활비를 위해 지금 버는 돈의 상당 부분을 포기해야 하는 게 말이 되냐는 생각을 했거든요. 그 돈이면 젊어서 좀 더 여유 있게 쓰는 것이 낫지, 그 돈 포기한다고 노후에 엄청나게 여유 있게 살 것도 아니라는 생각을 했거든요. 고령 취업이라, 정말 이제라도 적극적으로 계획해봐야겠는데요."

나도 마찬가지다. 언제까지 주부로 가족의 뒷바라지만 할 수는 없다. 아이도 조금 더 자라면 나의 손길이 많이 필요하지 않을 것이다. 고등학생만 돼도 예진이는 내가 해줄 수 있는 것 보다 스스로 하는 일이 더 많을 것이다. 그렇다면 나는 나머지 시간을 무얼 하며 살 것인가? 그래, 막연한 두려움으로 쉬운 돈벌이를 위해 뛰어다닐 것이 아니라 보다 생산적인 일을 계획하고 일을 통해 돈을 버는 준비를 하는 것이 대단히 중요한 문제일 것 같다.

"김미연 씨도 마찬가지입니다. 제가 볼 때 김미연 씨는 상당히 열정적인 분입니다. 다소 꼬여 있기는 하지만 열심히 재테크 하셨던 열정을 볼 때, 본인이 좋아하는 일을 하신다면 큰 성과를 만들지 않을까 싶어요. 공부도 잘 하셨다고 들었습니다. 김정수 씨도 미연 씨가 자신의 일을 만들지 않은 것이 아쉽다고 하시더군요. 아이가 더 크면 김미연 씨도 사회생활을 통해 좀더 적극적인 자기실현을 하시면 좋지 않을까요?

우리 인생에서 돈 문제는 쉽게 해결할 수 있는 게 아니지만 기본으로 돌아가 보면 돈은 벌어서 쓰는 것입니다. 물론 버는 돈이 부족해서 쓰는 데 지장이 있을 수 있기 때문에 매사에 저축을 해야 하죠. 결국 점점 길어지고 있는 수명, 우리의 경제 수명도 함께 연장시키는 계획이 선행되지 않으면 안 됩니다."

잡동사니 소비의 함정

버는 것만으로는 절대 부자가 될 수 없다고 생각하면서도
우리는 당장 돈 관리를 소홀히 한다.
우리의 라이프 스타일은 어디에 얼마를 쓰고 사는지 모르는 일상이다.
당장 냉장고 속만 들여다 보아도 유통기한이 지난 음식들이 적지 않다.
아파트 수납공간에는 몇 년째 꺼내 쓰지 않는 물건들이 가득하고
가족들의 옷과 지난 아이들 장난감 등으로 방 하나를 수납공간으로
만들어 버린다.
결국 우리는 잡동사니를 모시고 사느라
커다란 냉장고와 큰 집을 소유해야 하는 아이러니에 빠지는 것이다.
사용하지 않으면서 막연히 버리기 아까워 모시고 사는 잡동사니들은
우리에게 전기세와 관리비를 초과 지출하게 만들고 있다.
잡동사니 소비의 함정을 벗자.

매일 조금씩 부자 되기

중요한 것은 돈이 아니라 돈에 앞선 우리의 인생 계획입니다.
그리고 그에 필요한 돈을 합리적이고 체계적으로 준비하면 되는 거죠.

막막하고 답답하던 것이 많이 풀리는 기분이다. 물론 지금 당장 내가 어떤 것을 할 수 있을까 뾰족한 답을 찾은 것은 아니지만 앞으로 하나하나 구체적으로 준비해 나간다면 못할 것도 없겠다 싶다.

"생각해보니 마음이 많이 가벼워지네요. 지금이야 내가 혼자 버니까 힘든데, 예진이 크고 나면 집사람 능력 있죠. 같이 벌면 그깟 노후 자금 100만원 못 벌겠습니까? 인생의 전반전은 혼자 벌고 후반전은 둘이 함께 재미있는 일을 하면서 돈을 번다! 아주 괜찮은 제안인데요. 진작 이렇게 그림을 그려놓고 설계를 해봤으면 되는 건데, 정말 그동안 너무 쓸데없이 불안해하면서 살아왔다는 생각이 들어요."

"그렇지만 인생의 전반전이 후반전을 안정적으로 만들어나가는 데 아주 중요한 초석이 된다는 사실만큼은 꼭 기억하셔야 합니다. 비유하자면 지금은 기초 체력을 만드는 시간이라고 보시면 좋습니다. 후반전 인생에서도 돈 버는 것이 일을 하는 첫 번째 이유가 되어서는 안 되니까요. 자아실현이라든가, 삶의 완성을 위해 일하는 것이 첫째 이유가 되도록 지금 노후를 준비하는 것도 중요합니다. 안정적인 자금의 흐름은 어느 정도 인생의 전반전에서 준비해야 한다는 것입니다."

소방관은 노후 연금 소득을 반드시 준비하라고 조언했다. 그러나 그 연금 소득이 다른 곳에서 이야기하듯 노후 생활비 전체가 아니라 만약의 경우를 대비한 수준, 즉 고령 취업으로 생각만큼 돈 벌이가 안 될 때를 대비한 소득을 보충하는 정도로 목표를 잡으면 좋다는 것이다. 그 정도만 해도 가벼워진 마음이 다시 무거워지지 않는다.

노후 준비가 가벼워지니 아이 학자금 준비도 덜 부담스럽다. 8년 후부터 필요한 대학 등록금, 교육비 상승률을 고려해서 대략 4년간 8,000만원 가량이 될 것으로 예상하면, 전부 다 준비할 수는 없지만 지금부터 준비하면 매월 30만원씩만 저축해도 절반 이상은 가능해지겠다. 나머지 절반도 소득이 조금씩 늘어날 때마다 지출을 늘리지 말고 딱 그만큼씩 교육비 준비에 투자할 것이다. 남편의 소득이 불안정해지는 시기도 마냥 기다릴 것이 아니라 아예 지금부터 첫 번째 은퇴를 적극적으로 정해 놓기로 했다.

남편은 50세까지는 현 직장에서 근무를 하고 지금부터 자기계발을 통해 두 번째 직업을 가질 준비를 하기로 했다. 그 때쯤이면 예진이가 대학 3학년이다.

"두 분은 그나마 결혼을 일찍 하셨기 때문에 문제를 푸는 것이 쉬운 편입니다. 김정수씨는 결혼이 늦어 자녀가 대학 진학할 때 이미 정수씨 나이가 60세가 다 됩니다. 졸업하면 60세도 넘죠. 다행히 정수씨는 자녀 출산과 동시에 아이 대학 등록금 통장부터 만들었다고 합니다. 20년을 길게 두고 천천히 준비하니까 좀 수월하게 준비할 수 있죠. 이처럼 우리 인생에 있어 돈을 효율적으로 사용하는 데 가장 중요한 변수는 바로 시간입니다. 지금까지 시행착오 겪으시느라 시간을 많이 허비했지만 앞으로는 절대 그러시면 안 됩니다."

정말 얼마나 다행인가. 아직 남은 시간들이라도 이전 시간처럼 그냥 흘려보내서는 안 된다. 다소 늦은 감이 없지는 않지만 그래도 더 늦기 전에 우리의 삶에서 돈보다 더 중요한 것은 우리의 삶 그 자체라는 것을, 돈이란 단지 그 삶을 완성하는 데 필요한 수단일 뿐이라는 걸 깨달아서 다행이다.

소방관은 우리에게 인생의 이모작을 준비하는 하나의 예로 자신의 이모작 계획을 들려주었다.

"저는 지금 하는 일을 평생 할 계획입니다. 좋아하는 일을 첫 번째 직업으로 갖게 된 몇 안되는 행운아죠. 그러나 저라고 이 일에서 늘 하고 싶은 대로만 할 수 있는 것은 아닙니다. 좋아하는 일이지만 돈을 벌어야 하는 것은 제게도 중요한 문제이니까요. 저는 좀더 여유 있게 일하고 싶고 일을 하면서 공부도 더 하고 책도 충분히 읽고 싶은데 그럴 여유가 잘 나지 않습니다. 저의 첫 번째 은퇴는 막내의 대학 진학 시기로 잡고 있습니다. 그때 저는 제 인생의 전반전을 마무리하고 후반전으로 넘어갈 것입니다. 물론 직업은 동일하겠지만 내용은 지금하고 또 다른 버전입니다. 일의 양은 지금의 50%로 줄이고 그동안 만나온 많은 분들의 이야기를 중심으로 행복한 삶의 설계를 책으로 내볼 계획이에요.

일의 양이 절반으로 줄었으니 소득도 따라서 좀 줄겠죠. 그때를 대비해서 노후 연금 소득을 계획하고 있습니다. 또 저는 인생의 전반전을 끝내고 후반전으로 가기 전에 6개월 정도를 제

인생의 휴지기로 쓸 생각입니다. 그 시기에 젊은 시절에 못 해본 배낭여행도 즐기고 책도 마음껏 읽어보려고 합니다. 물론 6개월 동안 소득이 없고 다시 이어지는 후반전 소득도 불안정할 수 있습니다. 그래서 대략 1년 정도의 생활비 3,000만원 가량과 여행 경비 1,000만원에 대한 계획을 세워서 5년 전부터 매월 15만원씩 저축하고 있지요. 그 통장의 이름은 '내 인생의 후반전을 위하여' 입니다."

그는 이어서 그에게 상담을 받은 다른 사람들의 이야기도 들려주었다. 어릴 적부터 역사에 관심이 많았던 사람인데 지금은 평범한 직장인이지만 후반전에는 역사 여행 가이드가 되기 위해 틈틈이 공부하고 학원에도 다닌다고 한다. 또, 어느 회사 인사부서에서 일한다는 다른 한 사람은 노무사 자격증 공부를 한다고도 했다.

막연한 생각으로는 젊은 나이로도 직업을 갖는 것이 어려운데 고령 취업이 과연 쉬운 것일까 의문을 가질 수 있다. 그러나 이렇게 자신의 적성, 좋아하는 일, 현재의 하는 일과의 연계성 등을 고려하면 오랜 기간 꾸준히 준비만 한다면 못할 것도 없다는 생각이 든다.

중요한 것은 준비를 하느냐 안 하느냐의 차이일 것이다. 미

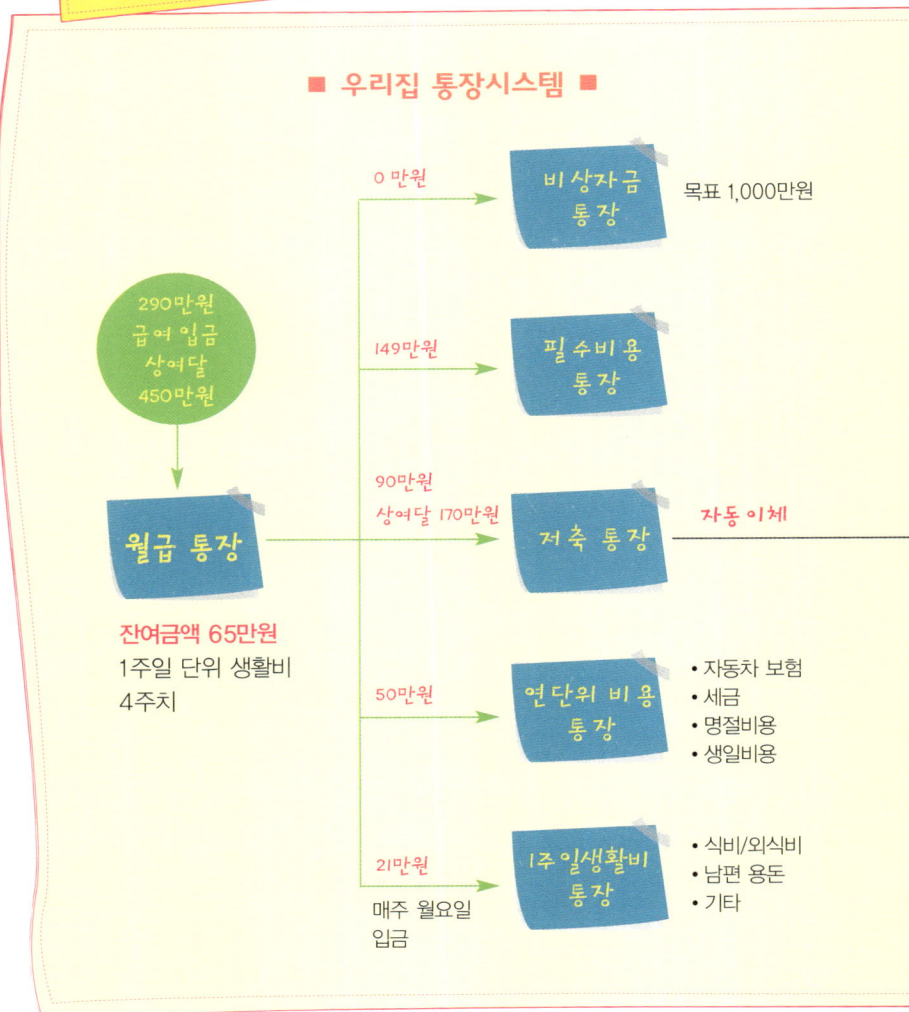

래가 막막하다고 막연히 불안해하고 그 때문에 한번에 돈을 쉽게 벌겠다고 여기저기 쫓아다니며 상처투성이가 되는 것보다는 이렇게 구체적으로 미래 준비를 하는 것이 훨씬 확실하고 행복할 수 있다.

"준비를 잘 하고 은퇴를 하신 분들은 생각보다 훨씬 오래 사는 축복을 누리고 삽니다. 그것은 대단히 큰돈이 있어야 가능한 것이 분명 아니에요. 그분들은 늘 절제된 생활 속에서 돈을 체계적으로 관리하고 적은 돈이라도 새나가지 않게 잘 통제하시죠. 대신 필요할 때는 잘 계획해서 제대로 쓰고 사는 겁니다. 제가 아는 어느 은퇴자 할머니는 65세이신데 취미생활로 발레를 배우신다고 해요. 어릴 때부터의 꿈이었다고 하시더군요. 중요한 것은 돈이 아니라 돈에 앞선 우리의 인생 계획입니다. 그리고 그에 필요한 돈을 합리적이고 체계적으로 준비하면 되는 거죠. 이제부터는 좀 전에 말씀하신 예산을 더 세밀하게 조정해보시고 자산 부채도 말끔히 정리해서 미래에 하고 싶은 일들을 하나씩 이루면서 살면 됩니다. 미래 계획에 맞춰 대박의 투자를 노리는 것이 아니라, 오래 일하면서 번 돈을 헛되이 버리지 않고 사는 것만으로도 우리는 더 많이 행복해질 수 있습니다."

마음에 희망이 솟는 걸 느낄 수 있었다. 그동안은 막연한 불안함으로 돈에 대한 조급증에 빠져 있었던 것 같다. 그러나 평생

대출 이자 갚는 생활, 할부로 미래의 가처분 소득을 끌어 쓰는 악순환 재무구조만 아니어도 미래에 대한 불안을 행복으로 바꿀 수 있다는 말이 정말 큰 위로가 된다.

이른 은퇴 후 몇 억은 있어야 한다는 강박증에서도 벗어날 수 있었다. 절제된 생활을 하고 남은 돈으로 미래 계획에 맞춰 저축과 장기투자를 잘 이어가기만 해도 될 일이라는 것을 깨달은 것이다. 우리가 평생 벌 돈의 절반을 이자만 잘 붙이고 살아도 살아가는 데 그리 두려울 것이 없겠다 싶다. 중요한 것은 미래 계획을 얼마나 체계적으로 잘 세우느냐에 달려있다.

알고 보면 행복해지는 것은 참 쉬운 일이다. 다만 주위에 휩쓸리지 않고, 남 쫓아가느라 피곤해지지 않고, 우리 가족의 행복을 구체적으로 그려보고 만들어나가는 인내심만 있으면 된다. 소방관은 우리 가족의 미래 설계를 더 세부적으로 완성해나가라는 말을 하면서 자리에서 일어섰다. 그리고 그는 돌아가면서 대단히 멋진 말을 남겼다.

"두 분 어느 날 갑자기 부자 되는 꿈을 꾸지 마시고 이제부터는 매일 조금씩 부자 되세요. 이것이 조금은 더디지만 확실히 부자가 될 수 있는 유일한 방법입니다. 우리 인생이 이렇게 긴데 그렇게 매일 매일 확실하게 부자가 된다면 미래의 어느 날에는 굉장히 큰 부자가 되어 있지 않을까요?"

아직 남아 있는 과제가 많이 있지만 나는 마음이 풍성해졌다. 오늘만큼은 우리 가족이 확실히 부자가 된 날이다. 정말 이렇게 매일 조금씩 부자가 되는 삶이라면 무엇이 부럽겠는가?

소방관이 돌아간 후 나는 주저 없이 오빠에게 전화를 걸었다. 아무 일 없었다는 듯이 안부를 묻고 엄마와도 통화를 했다. 가족이란 이런 것이다. 서로 안 볼 것 같이 싸웠다가도 어느 날 아무 일 없었다는 듯이 다시 볼 수 있는 그런 관계. 도저히 끊으려고 해도 끊을 수 없는 관계인 것이다. 그리고 철없이 구는 나를 이렇게 너무 늦지 않게 붙들어주는 사람들이다. 언제나 내가 행복해지기를 진심으로 바라는 사람들, 그날 저녁 우리 가족은 삼겹살을 사들고 오빠네 집에 갔다.

벨을 누르고 집안으로 들어설 때는 다소 어색하기도 했지만 변함없이 반겨주는 오빠와 새언니를 보고 언제 그랬냐는 듯 어색함이 사라졌다. 연로하신 엄마는 기분이 좋아 술까지 한잔 하셨다. 그동안 나 때문에 속이 많이 상하셨는지 더 늙으신 것 같아 죄송한 마음뿐이다.

그렇지만 실수는 누구나 하고 사는 것이다. 특히 자식은 부모에게 평생 아슬아슬한 존재일 수밖에 없다. 곳곳에 함정이 도사리는 세상에서 일어나는 모든 불행들이 부디 내 자식만은 피해갔으면 하는 간절한 마음으로 사는 것이 부모의 업 아닐까?

그러나 나는 이제 제대로 효도하고 살 것이다. 그리고 매일 매일 조금씩 확실한 부자가 되는 모습을 보여드릴 것이다.

기분 좋게 취기가 오른 엄마가 남편을 보며 한 말씀 하셨다.

"미연이 내 새끼, 내 딸. 이 서방, 이 애 좀 잘 봐주게. 부모 잘못 만나 고생을 많이 해서 마음에 상처가 많아. 그래서 그런 거야. 애가 얼마나 착한데. 어려서 고생만 했으니 이제 행복해야 되는데, 행복하기만 해도 모자란 예쁜 내 새끼, 그동안 얼마나 저것이 속이 썩었겠어."

눈물이 쏟아지려는 걸 참고 술을 한잔 들이키며 다짐했다. 다시는 엄마가 이런 말씀을 하지 않게 정말 잘살아야겠다고.

"엄마, 창피하게 왜 그래. 철부지 딸 미연이 이제 잘살 거야. 엄마만 예쁜 새끼 있는 줄 알아? 나도 예쁜 딸내미 있다 뭐. 걱정 말고 앞으로 잘하면 되잖아. 나도 엄마처럼 좋은 엄마 될 거야. 그러니까 걱정 마세요."

점점 감정을 누르기가 힘겨워 말끝이 흐려지자 남편이 분위기를 바꾸려 건배를 제안했다.

"장모님, 형님, 이제 걱정 마세요. 이제 저희 진짜 부자 되었는걸요. 형님 덕에 유능한 소방관 만나서 집에 있는 불씨 다 끄고요. 오늘부터 제대로 된 부자되어 돌아왔습니다.

자, 고마운 마음으로 제가 건배 한번 올리겠습니다. 행복한 우리집을 위하여!"

아이들까지 모두 목청껏 건배를 외쳤다. 살다보면 언젠가 또 다른 불씨를 키울 수도 있겠지만 오늘 저녁의 이 행복이 언제나 우리집을 지켜주는 든든한 소방관 역할을 할 것이다.

그렇게 우리는 부자로서의 첫날을 아주 따뜻하게 보냈다.

나의 특별한 소방관 : 희망 가계부 프로젝트
ⓒ 제윤경 2008

초판 인쇄 | 2008년 7월 23일
초판 발행 | 2008년 7월 29일

지 은 이 | 제윤경
펴 낸 이 | 김승욱
편   집 | 김승관 김민영 송향
디 자 인 | 김리영 김은희 유성미
마 케 팅 | 최정식 이숙재 정상희
펴 낸 곳 | 이콘출판(주)
출판등록 | 2003년 3월 12일 제406-2003-059호

주   소 | 413-756 경기도 파주시 교하읍 문발리 파주출판도시 513-8
전자우편 | editor@econbook.com
전화번호 | 031-955-7979
팩   스 | 031-955-8855

ISBN 978-89-90831-56-9 03320

에듀머니, 한겨레신문, 다음카페 짠돌이

'재정 소방 훈련 캠페인'을 전개합니다.

고물가 고금리 경기 후퇴의 세 가지 악재가 우리 가정경제에 먹구름을 드리우고 있습니다. 과도한 부동산 투자열기로 이미 가계부채가 심각한 가정경제에 치명적인 악재가 아닐 수 없습니다. 프리미엄을 주고서라도 재건축 아파트를 잡아야 한다던 게 엊그제 같은데 벌써 상투 이야기가 나오고 있습니다. 분양받은 새 아파트 입주 잔금을 치르기 위해 기존 아파트를 팔려고 해도 팔리지 않습니다. 더 오를 것이란 생각으로 뒤늦게 부동산으로 재테크 하겠다고 무리한 빚을 낸 사람들이, 연일 오르는 이자와 물가로 생활비가 부족해 예적금을 해약하고 있습니다. 정말 하루하루 들려오는 소리는 가정경제에 먹구름 정도가 아니라 상상조차 하기 싫은 끔찍한 내용들입니다. 절약만으로는 부자가 될 수 없다며 섣불리 모험에 뛰어든 많은 사람들이 커다란 위기를 맞게 된 것입니다.

이제라도 냉철해져야 합니다. 막연히 앉아서 절망하고 세상을 탓하는 것으로는 다가오는 위기를 극복할 수 없습니다.

이에 저희는 다음과 같은 재정 소방 훈련을 실시하고자 합니다.

1. **한겨레신문과 짠돌이 카페, 에듀머니 홈페이지를 통해 우리집 경제 성적표를 매겨볼 수 있습니다.**
   설문을 통해 현재 가정경제의 건전성을 측정해보세요.
2. **진단을 통해 도출된 우리집 경제 문제를 해결하기 위한 교육과 상담이 진행됩니다.**
   ★ **교육 내용** 자산 부채 리모델링, 가계 재무관리 교육, 부부 머니 클리닉, 부모와 자녀가 함께 하는 건전한 경제 교육, 취약계층 경제 교육 등이 진행되고 있습니다.
   ★ **상담 내용** 재무관리 상담 및 재정 소방 점검 형식으로 진행됩니다. 가계 재무제표 분석 및 위험 진단, 생애 주기에 따른 재무목표의 재점검, 자산 착시 현상으로 빚어진 방만한 가계 재정 조정 등 과도한 재테크, 미래 준비 없는 가계 재정 점검 및 대안 마련 과정으로 이뤄집니다.
3. **각종 이벤트 실시**
   신용카드 자르기 운동, 착한 소비, 좋은 소비 운동, 가계부의 달인 선발, 빚 다이어트 등의 행사가 실시될 예정입니다.

서민 중산층 가정에 실질적인 도움과 위로를 드리고자 준비한 이 캠페인에 많은 참여를 부탁드리며, 이를 통해 건전한 가계 재정 구조를 함께 만들어나갔으면 합니다.